LES PORCHERONS

OPÉRA-COMIQUE, EN TROIS ACTES,

PAR M. T. SAUVAGE,

MUSIQUE DE M. ALBERT GRISAR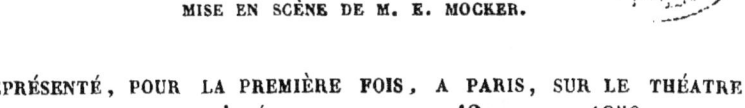

MISE EN SCÈNE DE M. E. MOCKER.

REPRÉSENTÉ, POUR LA PREMIÈRE FOIS, A PARIS, SUR LE THÉATRE NATIONAL DE L'OPÉRA-COMIQUE, LE 12 JANVIER 1850.

DISTRIBUTION DE LA PIÈCE.

LA MARQUISE DE BRYANE, jeune veuve	Mlle DARCIER.
LE VICOMTE DE JOLICOURT, son cousin	M. SAINTE-FOY.
LA VICOMTESSE DE JOLICOURT	Mme FÉLIX.
DESBRUYÈRES	M. HERMANN-LÉON.
ANTOINE	M. E. MOCKER.
FLORINE, femme de chambre de Mme de Bryane.	Mlle DECROIX.
GIRAUMONT, sergent aux gardes françaises	M. BUSSINE.
PICARD, valet de Desbruyères	M. LEMAIRE.
RATAPIOL, porteur d'eau	M. PALIANTI.
GRAND-PIERRE, paysan	M. BELLECOUR.
DEUX EXEMPTS {	M. LEJEUNE.
....	M. MODREN.

GENTILSHOMMES, BOURGEOIS, ARTISANS, PAYSANS.

Paris, 1770.

NOTA. — La mise en scène exacte de cet ouvrage, transcrite par M. L. Palianti, fait partie de la collection des *Mises en scène* publiées par la Revue et Gazette des théâtres, rue Sainte-Anne, 55.

La grande partition, la partition de piano, la partition d'orchestre, les morceaux détachés, quadrilles, etc., se trouvent aux magasins de M. Colombier et de M. Heugel, éditeurs, marchands de musique, rue Vivienne.

ACTE I.

L'entrée du bois de Boulogne, du côté de la porte Maillot. La maison du Suisse à droite. — Au fond et à gauche, le bois. — Matin.

SCÈNE I.

PAYSANS, PAYSANNES, OUVRIERS, *portant des paniers avec des fruits, des légumes, des pots de lait, des fleurs, des instruments de travail; ils arrivent de tous côtés, se rencontrent, se donnent la main, puis s'arrêtent.*

INTRODUCTION.

CHOEUR.

Jardiniers,
Ouvriers,
Jardinières,
Laitières,
Lavandières !
Enfin nous voilà tous
Au rendez-vous !
Reposons-nous.
Et puis, marchant d'un pas agile
Vers la ville,
Allons porter nos fleurs, nos fruits,
A Paris.

Ils se divisent par groupes, vont s'asseoir au fond et sur les côtés, se reposent et mangent.

SCÈNE II.

LES MÊMES, GIRAUMONT.

(Giraumont est entré quelques moments avant la fin du chœur; il est enveloppé d'un grand manteau, sous lequel paraissent deux épées. Il regarde autour de lui avec inquiétude.)

GIRAUMONT.

CAVATINE.

Je les devance !
Bonne espérance !
Point de frayeur,
Il a du cœur.

Ah ! voir se battre un frère, que l'on aime...
J'aimerais mieux croiser le fer moi-même !
Je ne tremblerais pas pour moi,

Mais, pour lui, je connais l'effroi !
Il se promène avec agitation.
Si ce duel était un piége ?
Si cet Indien, à ce bal...
Pour le faire arrêter... non, cet homme est loyal !...
S'il était reconnu... je frémis !... que ferais-je ?
Veillons, et qu'en ce jour fatal,
La Providence nous protége !

L'heure s'avance !
Bonne espérance !
Point de frayeur,
Il a du cœur !

Je ne tremblerais pas pour moi,
Mais, pour lui, je connais l'effroi.

Il regarde dans les allées environnantes. Les paysans se sont levés, ont repris leurs fardeaux, leurs outils et se disposent à sortir, par la droite. Ils s'arrêtent et regardent avec étonnement. A ce mouvement, Giraumont sort vivement par la droite.

SCÈNE III.

DESBRUYÈRES, *en domino noir, son masque à la main* ; UN HOMME, *en domino gris et masqué* ; QUATRE GENTILS-HOMMES, *dont deux en domino* ; GIRAUMONT, PICARD, *portant des épées et un petit coffret* ; PAYSANS, OUVRIERS.

SUITE DE L'INTRODUCTION.

LES PAYSANS, *qui allaient sortir.*

Mais voyez donc, voyez là-bas,
Ces gens, qui sortent de voiture...
Vers nous ils dirigent leurs pas...
Quelle mise ! quelle tournure !

Desbruyères entre en riant, suivi de deux gentilshommes, ses témoins, et de Picard. A quelque distance, viennent le Domino gris, Giraumont et deux gentilshommes. Tous, excepté Desbruyères, restent au second plan.

DESBRUYÈRES.

AIR

Palsembleu ! c'est original !
Un duel, en habit de bal !
Et de carnaval !
Oui, d'honneur, c'est original,
Très-original, fort original !

TOUS.

Oui, vraiment, c'est original,
Un duel, en habit de bal !

DESBRUYÈRES.
Mais l'effet
Serait plus complet,
Serait plus comique
Et vraiment unique
Si l'on avait
De la musique;
Sur l'air du nouveau menuet,
En cadence,
Avec élégance,
On s'attaquerait,
On ferraillerait,
On se percerait...
Comme dans un ballet!
Palsembleu! c'est original!
Un duel, en habit de bal!
Et de carnaval.
C'est original, très-original!

L'HOMME MASQUÉ *paraît s'impatienter*
DESBRUYÈRES, *allant à lui.*

Je comprends votre impatience!
Mais, permettez, un mot, pourtant:
Sous les armes, bientôt, je pense,
Vous vous montrerez... autrement?

LE DOMINO GRIS, *répond par signe*: Non.
DESBRUYÈRES.

Hein? vous dites: non! quoi! vraiment,
Vous voulez garder votre masque?

Signe affirmatif.

Oui! le trait est par trop fantasque!
Mais, parbleu! c'est original,
Un duel, en habit de bal
Et de carnaval...
C'est vraiment fort original!

TOUS.

Ah! vraiment c'est original,
Un duel, en habit de bal!

L'HOMME MASQUÉ *s'avance vers le bois, à gauche et fait signe de le suivre.*
DESBRUYÈRES.

Arrêtez! car enfin, sans être
Trop curieux, ne pourrait-on connaître
Le rang de l'homme à qui nous faisons la faveur
De nous battre avec lui?

L'HOMME MASQUÉ *fait un geste de refus, mais l'un des gentilshommes s'avance.*

LE GENTILHOMME.
                    Monsieur, sur mon honneur,
Moi, je réponds que, sans vous compromettre,
Ensemble vous pouvez croiser le fer...
            DESBRUYÈRES.
                        Fort bien !
Cher marquis, maintenant je n'objecte plus rien.
                            Il se dirige vers le bois.
        GIRAUMONT, *bas à l'homme masqué.*
De ce fat, promptement, qu'un bon coup vous délivre;
J'ai vu, là-bas, des gens, qui paraissaient vous suivre !
        L'HOMME MASQUÉ *serre la main de Giraumont.*
        DESBRUYÈRES *et tout le monde sortant.*
    Ah ! parbleu ! c'est original,
    Un duel, en habit de bal.
Les témoins ont examiné les épées, ils les ont remises aux adversaires, pendant la reprise de l'ensemble; puis, Desbruyères, l'homme masqué et les gentilshommes entrent dans le bois.

SCÈNE IV.
GIRAUMONT, LES PAYSANS, DEUX EXEMPTS.
SUITE DE L'INTRODUCTION.

        LE CHŒUR.
    Il vont se battre, ah ! c'est affreux !
    Ainsi pourquoi risquer sa vie ?
    Pourquoi tuer un malheureux ?
    C'est vraiment de la frénésie.
                    s'avançant vers le bois.
        Voyez là-bas !
        GIRAUMONT, *retenant les Paysans.*
    Manants, faites silence.
        N'approchez pas !
                A part.
    Mon cœur bat, ça commence !
        LES FEMMES.
    Ça me fait peur !
    Et pourtant je regarde !
        GIRAUMONT, *regardant vers le bois.*
        En gens de cœur
        Ils se mettent en garde !
Les Exempts entrent, par la droite, en causant entre eux.
        PREMIER EXEMPT.
    Ce n'est pas lui, je le soutien !
        DEUXIÈME EXEMPT.
    Moi, je te dis qu'il lui ressemble !

C'est sa taille, c'est son maintien !
On entend le cliquetis des épées.
GIRAUMONT, *suivant le duel.*
Ils engagent le fer !
LES EXEMPTS.
Un duel !
GIRAUMONT, *de même.*
Ferme ! bien ;
Tous les deux s'élancent ensemble...
LES EXEMPTS *et* LE CHOEUR.
C'en est fait !
GIRAUMONT.
Paré... non !
LE CHOEUR.
Je tremble !
GIRAUMONT.
Ah ! touché !
LES EXEMPTS *et* LE CHOEUR.
Blessé !
GIRAUMONT.
Ce n'est rien !
Mais, au fat la leçon va profiter, j'espère...
PREMIER EXEMPT, *marchant vers le bois.*
Maintenant, avançons.
DEUXIÈME EXEMPT, *retenant l'autre.*
Nigaud ! que veux-tu faire ?
Lui, les témoins, son adversaire...
Six contre deux !... ils vont nous écharper !
GIRAUMONT, *les apercevant.*
Les espions ! comment leur échapper ?
Il les écoute.
PREMIER EXEMPT.
Il revient par ici ! la marche la plus sûre,
C'est, je crois, de l'attendre auprès de sa voiture...
Courons !
Ils sortent par la droite.
GIRAUMONT, *les regardant.*
Oui-dà, malins ! l'on va vous attrapper.
Il sort par la gauche.

SCÈNE V.
DESBRUYÈRES, PICARD, DEUX GENTILSHOMMES, LES PAYSANS.

SUITE DE L'INTRODUCTION.
DESBRUYÈRES, *blessé à la main, sans domino.*
Palsembleu ! c'est original !

Un duel, en habit de bal
Et de carnaval !
C'est original, fort original !
LES GENTILSHOMMES,
Ah ! d'honneur, c'est original, etc.
Picard panse la blessure de Desbruyères, sur la gauche.
LES PAYSANS, *se disposant à partir.*
Jardiniers, jardinières,
Et laitières,
Portons nos fleurs, nos fruits,
A Paris !
Les paysans sortent. Les gentilshommes se retirent ensuite.

SCÈNE VI.

DESBRUYÈRES, PICARD.

DESBRUYÈRES, *aux gentilshommes, qui s'éloignent.*

Bonjour, bonjour et merci, messieurs !... Ma foi, cet homme au loup de velours fait, du moins, très-bien les choses... J'ai vu, tout de suite, que, malgré mon adresse, il était de force à me tuer... même, un instant, j'ai cru que c'était pour cela qu'il gardait son masque... Eh ! bien, non !... c'est un galant homme !...

PICARD, *s'avançant, après avoir fermé le coffret au pansement.*

Monsieur ne souffre pas ?

DESBRUYÈRES.

Bon !... une piqûre; une goutte de ce baume indien a suffi pour la guérir.

PICARD.

C'est merveilleux !... Avec Lamartinière, le chirurgien du roi, vous en aviez pour trois mois !

DESBRUYÈRES.

Eh ! mon pauvre Picard, tu ne connais pas les prodiges de notre beau soleil des tropiques... Par lui, les fleurs ont des couleurs qui éblouissent, des parfums qui enivrent ; les plantes, des sucs qui donnent la mort ou rendent la vie ; les hommes, un sang qui bouillonne et des passions qui dévorent !

PICARD.

Pour les passions, je le sais depuis que j'ai l'honneur d'être au service du *Nabab,* comme on vous appelle !...

DESBRUYÈRES.

A cause de mon origine... Fils d'un armateur français établi aux Indes et de la belle Sahëb, sœur d'Hyder Aly, sultan de Mysore, je n'ai jamais connu le refus ou la contrainte. Héritier de tous deux, je me vois le maître de trésors à rendre jaloux l'Aboul-Kasem des *Mille et une Nuits!*... Dans votre pauvre pays, où tout se vend, je puis, je veux posséder tout ce qui me plaît... tout ce que je désire... les femmes, ô les femmes surtout!... Ruse, audace, dépense... rien ne me coûte... obstacles, menaces, dangers... rien ne m'arrête!...

PICARD.

Je le crois bien!... L'or ruisselle de vos mains... Vos habits sèment les perles et les diamants, comme ceux de nos marquis les paillettes!... Dès que vous mettez le pied dans un hôtel, les valets en sont plus à vous qu'à leur maître... Quelque honnête gouvernante, quelque vieux serviteur résiste-t-il?... un héritage tombé tout à coup... de vos coffres... vient l'arracher à la servitude et au poste qu'il gardait trop bien... Aussi, portes et cœurs, tout vous est ouvert... et Paris, Versailles, la province, sont, pour vous, un vaste harem où vous n'avez qu'à choisir et à jeter le mouchoir.

DESBRUYÈRES.

Eh! bien, non!... une femme me résiste!

PICARD.

Pas possible!.

DESBRUYÈRES.

Je suis amoureux, tu le sais, de madame de Bryane!...

PICARD.

Charmante veuve!... figure distinguée... tournure ravissante... digne, en tout, de monsieur!...

DESBRUYÈRES.

Tu as du goût, Picard... Oui, je l'aime... mais comme je n'ai encore jamais aimé .. à faire des folies, à l'épouser!...

PICARD, *très-alarmé*.

Vraiment?...

DESBRUYÈRES, *le rassurant*.

A la dernière extrémité!... Eh! bien, croirais-tu que cette petite provinciale, tombée depuis deux mois à Paris, me traite sans conséquence, me raille, me persifle, et ne paraît même pas s'apercevoir de mes attentions, de mon amour?

PICARD.

C'est monstrueux!

DESBRUYÈRES.

Tiens!... tu as dit le mot : c'est monstrueux! Tous ces aimables scélérats, mes amis, les Fronsac, les Lauzun, les Léthorières, que j'écrase de mon luxe, que j'humilie par mes succès, triomphaient de ma défaite... il y allait de mon honneur!... je pariai dix mille louis, contre eux tous, qu'avant huit jours je les inviterais à célébrer ma victoire.

PICARD.

Huit jours!

DESBRUYÈRES.

C'était beaucoup... cependant déjà six s'étaient écoulés, et madame de Bryane avait évité tous mes piéges... je résolus de jouer un grand coup, un coup hardi... un enlèvement... puis, un souper dans ma petite maison des *Porcherons*.

PICARD.

Ah! c'est pour cela que vous aviez ordonné de tenir tout disposé...

DESBRUYÈRES.

Précisément! Madame de Bryane allait au bal de l'Opéra avec les Jolicourt, un couple provincial de sa parenté: un sot et une folle, qui ne demanderait pas mieux que d'être compromise!... Je suis madame de Bryane; je la fais entourer; on la sépare de son monde... on la presse, on l'étourdit, on l'entraîne... Nous étions déjà près de la porte, quand un autre groupe s'oppose à notre passage, et un Domino gris, au bras vigoureux, ma foi!... m'arrache madame de Bryane, la reconduit à ses amis; puis, se retournant vers moi, qui l'avais suivi en enrageant: « Maintenant à vos ordres, monsieur, me dit-il... » Tout furieux de ma mésaventure, j'accepte... curieux, d'ailleurs, de savoir quel était le chevalier de la dame... quelque rival sans doute!... Mais, arrivés ici, à la porte Maillot, il refuse de se démasquer, et le produit net de ma galante entreprise est un coup d'épée... dont je n'ai pas même la satisfaction de connaître l'auteur...

PICARD.

Tout cela est d'autant plus fâcheux, que cet enlèvement manqué vous aura brouillé avec madame de Bryane.

DESBRUYÈRES, *se disposant à partir*.

Non, heureusement!... je suis certain qu'elle ne m'a pas reconnu, et je puis reparaître auprès d'elle en toute assurance... (*Il remonte vers la droite.*) Eh! mais, mon Dieu!... n'est-ce pas elle?... Oui, vraiment... avec les inévitables Jolicourt... Aurait-elle entendu parler du rendez-vous, et viendrait-elle par intérêt pour mon adversaire?... ou pour moi?... (*Il se retire à l'écart avec Picard.*)

SCÈNE VII.

Mme DE BRYANE, *en amazone*, Mme JOLICOURT, JOLICOURT.

TERZETTO.

JOLICOURT, *avec humeur*.

A cheval!

1.

Mme JOLICOURT, *avec étonnement.*
A cheval?
Mme DE BRYANE, *avec une sorte d'animation fiévreuse.*
A cheval, s'élancer!...

JOLICOURT, *effrayé.*
S'élancer!

Mme JOLICOURT, *de même.*
S'élancer!

Mme DE BRYANE.
Et courir!

JOLICOURT.
Et courir?

Mme JOLICOURT.
Et courir!

Mme DE BRYANE.
Quel plaisir!

JOLICOURT.
Beau plaisir!

Mme JOLICOURT.
Beau plaisir...

Mme DE BRYANE.
Je brûle de partir!

Mme JOLICOURT.
C'est à faire frémir!

JOLICOURT.
Ah! c'est pour en mourir!

Mme DE BRYANE.
Oh! l'adorable partie!

JOLICOURT.
Quoi! j'irais risquer ma vie?

Mme JOLICOURT.
Arrêtez! je vous en prie!...

Mme DE BRYANE.
C'est un bonheur sans égal!
A cheval!
S'élancer et courir,
Quel plaisir!
Je brûle de partir!

JOLICOURT.
A cheval!
S'élancer et courir...
Beau plaisir!
Ah! c'est pour en mourir!

Mme JOLICOURT.
A cheval !
S'élancer et courir,
Beau plaisir,
C'est à faire frémir !...
Mme DE BRYANE, *inquiète, regardant autour d'elle, à part.*
Personne encore! est-il venu ?
Pourtant j'avais bien reconnu...
Toujours et si calme et si fière !
Cette voix !
Que, déjà, j'entendis tant de fois !
« Demain matin, monsieur, à la porte du bois ! »
JOLICOURT, *à sa femme.*
Pour ne pas trop exciter sa colère,
Dites-moi donc, que faut-il faire ?
Mme JOLICOURT.
Il faut, je crois,
La satisfaire...
JOLICOURT.
Vous le croyez?
Mme JOLICOURT.
Oui, je le crois...
A cheval !
JOLICOURT, *d'un ton piteux.*
A cheval ?
Mme DE BRYANE, *sortant de sa rêverie*
A cheval !
S'élancer et courir,
Quel plaisir !
Je brûle de partir !...
JOLICOURT.
S'élancer et courir,
Beau plaisir !
Ah ! c'est pour en mourir !
Mme JOLICOURT.
S'élancer et courir,
Beau plaisir !
C'est à faire frémir !

Mme de Bryane s'est dirigée vers le fond; M. et Mme Jolicourt la suivent.

SCÈNE VIII.
LES MÊMES, DESBRUYÈRES.

DESBRUYÈRES, *saluant les dames, qu'il rencontre.*
Belles dames !...

Mme JOLICOURT.

Eh ! c'est monsieur Desbruyères... Déjà au bois, dans cette saison ! Monsieur, cela est grave !

Mme DE BRYANE.

En effet; on n'y vient de si bon matin que pour trois motifs... Comme moi, pour monter à cheval: vous n'êtes pas en costume; pour un rendez-vous galant? Alors, on ne se montre pas; pour un duel?

JOLICOURT.

Justement... une blessure...

Mme JOLICOURT, *avec intérêt.*

O ciel!

DESBRUYÈRES.

Peu de chose! (*A part.*) Tournons l'affaire à mon profit. (*Haut.*) Hier, au bal de l'Opéra...

Mme DE BRYANE.

Ah!...

Mme JOLICOURT.

Nous y étions!

DESBRUYÈRES.

Vous y étiez, mesdames?... Eh bien, vous avez peut-être vu... un masque, qui voulait entraîner une jeune dame...

Mme JOLICOURT.

Oui...

Mme DE BRYANE, *bas à Mme Jolicourt.*

Silence!

JOLICOURT.

Hein!

Mme JOLICOURT.

C'est-à-dire, j'ai entendu parler de cela...

DESBRUYÈRES.

J'ai eu le bonheur de délivrer la dame.

Mme DE BRYANE.

Vous!...

Mme JOLICOURT.

Vous!... en domino gris?

DESBRUYÈRES.

Moi!... en domino gris.

Mme JOLICOURT, *bas à Mme de Bryane.*

C'était lui!

Mme DE BRYANE, *bas à Mme Jolicourt.*

Il ment!...

DESBRUYÈRES.

Et, ce matin, j'ai puni le félon...

Mme DE BRYANE, *vivement.*

Mais, vous êtes blessé!

ACTE I, SCENE VIII.

DESBRUYÈRES.

Il l'est plus dangereusement.

Mme DE BRYANE, *de même.*

Lui !...

JOLICOURT.

Comment, lui ?

Mme DE BRYANE.

Je veux dire... l'adversaire de monsieur.

DESBRUYÈRES.

De longtemps il n'oubliera la leçon.

Mme DE BRYANE, *à part.*

Oh ! non, c'est impossible !... Il ment !

DESBRUYÈRES.

Et vous, belles dames, vous disiez donc que vous veniez pour une promenade à cheval ?

Mme DE BRYANE.

Dans laquelle monsieur de Jolicourt refuse de m'accompagner.

JOLICOURT.

Certainement ; en Poitou, je vous suivais dans vos courses équestres, parce que je connaissais mon poney... il est presque de mon âge, nous avons été élevés ensemble... un animal du caractère le plus doux ?... Mais, ici, monter vos chevaux de course ! oh ! non ! oh ! non, ma cousine, n'y comptez pas ; et, si j'avais su que vous donniez ordre à votre laquais de nous précéder avec ces dangereux quadrupèdes, ma femme ni moi ne nous serions prêtés à ce caprice.

Mme DE BRYANE.

Eh bien, mon cousin, comme vous voudrez.

JOLICOURT.

A la bonne heure ; vous êtes raisonnable.

Mme DE BRYANE.

Si vous craignez de partager mes périls, restez.

JOLICOURT.

Et vous ?

Mme DE BRYANE.

Moi, qui ne reçois la loi de personne, qui n'obéis qu'à mon caprice, je pars...

TOUS, *avec effroi.*

Seule !...

Mme DE BRYANE, *froidement.*

Seule...

JOLICOURT.

C'est une plaisanterie...

Mme DE BRYANE.

C'est très-sérieux !

JOLICOURT.

Cela ne s'est jamais vu.

Mme DE BRYANE.

Cela se verra !

JOLICOURT.

Impossible !

Mme DE BRYANE.

Pourquoi ? Si je le veux !

JOLICOURT.

Ah !...

DESBRUYÈRES.

Voyons ! voyons ! inutile de contrarier madame ; elle est décidée à une étourderie ? Eh bien, il faut la partager... Si madame de Bryane veut le permettre, je serai son écuyer cavalcadour.

Mme DE BRYANE, *regardant sa toilette de bal.*

Dans ce costume ? Ah ! ah ! ah ! j'accepte !

DESBRUYÈRES.

Nous allons donner des ordres pour qu'on dispose les chevaux... Venez-vous, Jolicourt ?

JOLICOURT.

Comment ! vous voulez véritablement !...

DESBRUYÈRES, *riant.*

Véritablement... en bas de soie et en velours ! Ah ! ah ! ah ! (*Ils sortent en discutant.*)

SCÈNE IX.

Mme DE BRYANE, Mme JOLICOURT.

Mme JOLICOURT.

Comment, Louise, vous allez galoper avec cet Indien ?

Mme DE BRYANE, *préoccupée.*

Il ne viendra pas... D'ailleurs, s'il vient, Saint-Jean ne m'accompagnera-t-il pas ? Et puis, qu'ai-je à craindre ?

Mme JOLICOURT.

C'est un homme fort dangereux, dit-on.

Mme DE BRYANE, *avec dédain.*

Pas pour moi !

Mme JOLICOURT.

S'il vous a reconnue au bal, s'il s'autorise du service qu'il vous a rendu ?

Mme DE BRYANE, *avec impatience.*

Ce n'est pas monsieur Desbruyères qui a pris ma défense.

Mme JOLICOURT.

Quel est, alors, votre libérateur?

Mme DE BRYANE.

Lui!

Mme JOLICOURT.

Hein? *lui?*

Mme DE BRYANE.

Oui, *lui,* vous dis-je.

Mme JOLICOURT.

Lui!... ce n'est ni un nom ni une qualité.

Mme DE BRYANE.

Que voulez-vous, je n'en sais pas plus. *Lui!...* c'est celui qui st toujours là, près de moi, dès qu'un danger s'approche, dès qu'un malheur me menace; dont la voix me ranime, m'encouage!

Mme JOLICOURT.

Comment! sa voix?

Mme DE BRYANE.

Oui!...

ROMANCE.

Premier Couplet.

Pendant la nuit obscure,
J'entends ses doux accents :
C'est un souffle, un murmure
Qui ravit tous mes sens;
C'est l'écho de la rive
Dont le lointain refrain
Annonce au pèlerin
Qu'au repos il arrive...
C'est l'espoir de mon cœur!...
Quand je l'entends plus de douleur,
Plus de crainte, plus de malheur...

Mme Jolicourt sourit.

Cousine, tout bas,
Ne riez pas!
Si je l'appelle, il paraîtra,
Pour me sauver, il serait là!

Deuxième Couplet.

Quand gémit la tempête,
La voix dit : Ne crains rien!
Quand le péril s'apprête...
Elle me dit : Je vien !
Si tendre, si plaintive...

Loin de me faire peur,
Elle rend le bonheur
A mon âme craintive...
C'est l'espoir de mon cœur,
Quand je l'entends, plus de douleur,
Plus de crainte, plus de malheur...
Mme Jolicourt rit sous éventail.
Cousine, tout bas,
Ne riez pas !
Si je l'appelle, il paraîtra,
Pour me sauver, il serait là !

Mme JOLICOURT, *avec ironie.*

Voilà qui est merveilleux!...

Mme DE BRYANE.

Cette voix, je l'entendis, pour la première fois, pendant une nuit orageuse où nous remontions la Loire. Vous le savez, une crue subite avait doublé la force du courant, et, par malheur, en voulant encourager nos bateliers, je les avais excités à une intempérance... qui augmentait notre danger !... Le désordre était partout ! Renfermés dans la cabine, nous nous recommandions à Dieu, presque sans espoir !... Tout à coup, une voix puissante s'élève, et, commandant avec autorité la manœuvre, ramène chacun à son devoir... Quelques instants après nous débarquions en sûreté... Lorsque je voulus connaître notre sauveur, on me dit que c'était un matelot de passage, qui se rendait de Nantes à Paris... Il avait continué sa route...

Mme JOLICOURT.

Je me rappelle cela; mais je ne vois rien là de fort extraordinaire.

Mme DE BRYANE.

Attendez ! nous arrivâmes à Paris quelques jours avant les fêtes du mariage de madame la Dauphine. Je voulus voir le feu d'artifice... Nous étions ensemble sur cette place!... Vous vous souvenez quels désordres, quels malheurs !...

Mme JOLICOURT.

Et quels cris je poussais ! Ah !

Mme DE BRYANE.

Lancés au milieu de cette foule, qui se pressait en sens opposés, nous allions être écrasés... Place ! place ! place ! s'écrie-t-on à côté de nous, et, en même temps, je me sens soulevée...

Mme JOLICOURT, *avec enthousiasme.*

C'étaient des soldats aux gardes qui, l'épée à la main, nous frayaient un passage... Braves et beaux hommes!

Mme DE BRYANE.

Celui qui m'emportait, qui commandait, qui dirigeait les

autres, celui qui me déposa évanouie sur le quai, hors de tout péril, c'était *lui!*...

Mme JOLICOURT.

Encore le même?

Mme DE BRYANE.

Le même!... Enfin cette nuit, au bal de l'Opéra... c'était *lui*.

Mme JOLICOURT.

Comment! En êtes-vous sûre?

Mme DE BRYANE.

Oh! je l'ai bien reconnu à sa voix impérieuse et fière, lorsqu'il adressait quelques paroles menaçantes à l'homme qui m'avait entraînée.

Mme JOLICOURT.

En vérité, ma chère cousine, votre histoire est plus belle qu'un roman! Seulement elle est moins vraisemblable, et je vous crois trop de sens, de raison...

Mme DE BRYANE.

De la raison!... je n'en ai point, je n'en veux pas avoir... Trop tôt et trop longtemps je me suis vue condamnée à la raison... Mariée, presque enfant, à un vieillard, pour marcher du même pas que lui dans la vie, j'ai dû... pendant dix ans... comprimer la vivacité de mon âge, arrêter l'élan de ma pensée, faire taire jusqu'aux battements de mon cœur... Un veuvage, que je n'appelais pas, est venu m'affranchir... Eh bien, je veux jouir de ma liberté... j'ai assez souffert de la solitude et du calme... il me faut le monde, son bruit, son mouvement, ses dangers même, car je vous le répète, je sais *qu'il* sera là!

Mme JOLICOURT.

Cousine, cousine! prenez garde que votre ange ne soit un démon!

Mme DE BRYANE.

Ah! vous voilà comme ce bon chevalier d'Ancenis, à qui j'ai refusé ma main et qui, sans doute par dépit, m'a prédit tous les malheurs imaginables, si je m'aventurais ainsi dans le monde... sans appui, c'est-à-dire sans mari!

SCENE X.

Mme DE BRYANE, Mme JOLICOURT, JOLICOURT, DESBRUYÈRES, *en costume de cheval*.

JOLICOURT, *entrant*.

Mesdames, mesdames, une aventure!...

DESBRUYÈRES.

Fort singulière, parbleu!

Mme JOLICOURT.

Une aventure ! j'en suis friande, surtout quand elles sont toutes fraîches... Vite, vite, racontez...

JOLICOURT.

Voilà : on vient d'arrêter à la porte Maillot, en vertu d'une lettre de cachet, un homme masqué, en domino gris...

Mme DE BRYANE.

En domino gris !... (*Elle regarde Desbruyères.*)

DESBRUYÈRES.

En domino gris... on en porte beaucoup cette année. (*A part.*) C'est mon adversaire.

Mme DE BRYANE.

C'est singulier, en effet... Et sait-on le motif ?

JOLICOURT.

On dit que c'est un des officiers, du régiment de Poitou, qui, ne voulant pas admettre parmi eux un protégé de monsieur le duc d'Aiguillon, ont soutenu, contre cet intrus et ses amis, un combat de dix contre dix...

Mme JOLICOURT.

Mais c'est affreux ! c'est une bataille !

DESBRUYÈRES.

L'affaire est grave, et la colère de monsieur le duc d'Aiguillon est terrible... le domino gris pourra bien être oublié à la Bastille.

Mme DE BRYANE, *qui réfléchissait.*

Vous avez dit le régiment de Poitou ? le chevalier d'Ancenis en est major !

JOLICOURT.

En effet !

Mme DE BRYANE.

Pauvre jeune homme !... Si c'était lui !...

JOLICOURT.

Je ne vous dirai pas ; d'abord, je ne connais pas le chevalier d'Ancenis, qui a quitté fort jeune notre province !...

Mme DE BRYANE, *rêveuse.*

Quoique je ne l'aie pas vu depuis notre enfance... quoique j'aie refusé de l'épouser et même d'obéir à ses conseils, je serais désolée qu'il lui arrivât malheur. (*Un jockei paraît.*)

DESBRUYÈRES.

Belle dame, les chevaux sont prêts... et votre écuyer est à vos ordres.

Mme DE BRYANE, *regardant Desbruyères.*

Eh ! mais... Je n'y faisais pas attention... Quelle métamorphose surprenante !

DESBRUYÈRES.

Elle est toute naturelle : pris à l'improviste par ce duel, je m'étais fait suivre par mon service de toilette... que j'ai trouvé là, chez Benoît, le suisse de la porte... Quand vous voudrez ?...

Mme DE BRYANE, *secouant sa rêverie.*

Soit ! partons donc !

JOLICOURT.

Comment ! vous persistez ?...

Mme DE BRYANE.

Sans doute !... Et vous, monsieur Desbruyères, préparez-vous à la course, si vous voulez me suivre; j'ai besoin d'air, de mouvement, d'espace... En avant ! (*Elle sort.*)

DESBRUYÈRES, *courant après elle.*

Pardon ! me voici, madame, me voici !... (*Il sort.*)

SCÈNE XI.

JOLICOURT, Mme JOLICOURT.

JOLICOURT.

Prrr !... la voilà partie !...

Mme JOLICOURT.

Quelle tête ! quel volcan !...

JOLICOURT.

Tenez, Vicomtesse, j'enrage d'avoir, cédant au désir de madame de Bryane, amené à Paris cette écervelée, après son année de veuvage.

Mme JOLICOURT.

Il fallait bien faire quelque chose pour une parente très-riche, avec laquelle nous vivons...

JOLICOURT.

Dites, qui nous fait vivre.

Mme JOLICOURT.

Soit; mais n'est-ce pas de toute justice, après nous avoir privés, par son mariage, des biens de notre vieux cousin, dont nous étions les héritiers?

JOLICOURT.

Oh ! grâces à nos précautions, ils nous reviendront, ces biens, à nous ou à nos enfants.

Mme JOLICOURT.

Si nous en avons, Stanislas !

JOLICOURT.

Nous en aurons, Ernestine... nous en aurons, et elle n'en aura pas... Car nous empêcherons toute liaison, toute inclination, tout mariage!... pour éviter qu'elle ne se prenne de quelque folle passion, j'écarte tout ce qui se présente pour être admis auprès d'elle !

Mme JOLICOURT.

Vous êtes un vrai gardien du sérail.

JOLICOURT.

Elle ne voit que moi !

Mme JOLICOURT.

Pas le moindre danger.

JOLICOURT.

Si fait, pourtant !

Mme JOLICOURT.

Comment !

JOLICOURT.

Je n'ai pu me débarrasser de ce Nabab !

Mme JOLICOURT, *étourdiment.*

Il ne vient peut-être pas pour elle !

JOLICOURT.

Eh !

Mme JOLICOURT.

Je veux dire qu'il vient pour les affaires de la succession de son mari, qui avait des intérêts dans la compagnie des Indes !

JOLICOURT.

Prenez garde, Vicomtesse... C'est un homme bien affreux !

Mme JOLICOURT.

Pas tant !

JOLICOURT.

Rien ne l'effraie... ne l'épouvante !

Mme JOLICOURT.

Ah ! ah !

JOLICOURT.

Il ne recule jamais !

Mme JOLICOURT.

Vraiment !

JOLICOURT, *gaiement.*

J'ai vu des choses... C'est charmant !... une petite maison !

Mme JOLICOURT, *avec sévérité.*

Comment, Vicomte... une petite maison... (*avec curiosité*), et vous l'avez vue !... dites moi donc...

JOLICOURT, *se reprenant.*

C'est un horreur, ne parlons pas de ça, madame ! Quant à nôtre chère cousine, vous le savez, nous avons inventé une tactique qui doit l'éloigner de toute pensée conjugale !

ACTE 1, SCENE XI.

DUETTO.

A ses yeux,
Pour rendre odieux
Le ménage
Et le mariage,
Entre nous deux,
C'est un tapage,
Un orage
Des plus affreux !

Mme JOLICOURT, *d'un ton aigre.*

Laissez-moi !
C'est insupportable !

JOLICOURT, *de même.*

Oh ! ma foi,
Je vous donne au diable !

Mme JOLICOURT.

Mais que de façons !

JOLICOURT.

Voyons, finissons...
Et puis, nous nous repoussons !

Mme JOLICOURT, *pinçant, au bras, son mari.*

Et puis, nous nous pinçons !

JOLICOURT, *se frottant le bras.*

C'est si bien nature
Qu'on croit, je le jure,
Que nous nous détestons...
Mais nous dissimulons !

ENSEMBLE.

Plus amants qu'époux,
Aimons, aimons-nous,
Sans bruit, en cachette,
Loin des yeux jaloux ;
Que dans la retraite,
Dérobés à tous,
Ainsi, tête à tête,
Nos plaisirs sont doux !

JOLICOURT, *se rapprochant de sa femme.*

C'est le soir
Qu'il faut nous voir
En tête-à-tête,
Ah ! quelle fête !

Mme JOLICOURT.

Les jolis mots !

JOLICOURT.

Les doux propos !

Mme JOLICOURT.

Mon cœur !

JOLICOURT.

Ma bonne !

Mme JOLICOURT.

Minet !

JOLICOURT.

Mignonne !

Mon petit chou !

Mme JOLICOURT.

Mon gros loulou !

JOLICOURT.

Mon cher bijou !

Mme JOLICOURT.

Mon sapajou !

ENSEMBLE, *vivement l'un à l'autre.*

Petit chou,
Gros loulou,
Cher bijou,
Sapajou !
Hou ! hou ! hou ! hou !

Dans son transport, Jolicourt embrasse sa femme.

Mme JOLICOURT, *le repoussant.*

Prenez donc garde, Vicomte... Si notre cousine nous voyait !

JOLICOURT.

Ah ! ma foi, tant pis ! C'est pris !...

REPRISE ENSEMBLE.

Plus amants qu'époux,
Aimons, aimons-nous,
Sans bruit, en cachette,
Loin des yeux jaloux ;
Que dans la retraite,
Dérobés à tous,
Ainsi, tête à tête,
Nos plaisirs sont doux !

(*On entend un grand bruit au dehors.*)

CRIS.

Arrêtez !... arrêtez !...

Mme JOLICOURT.

Ah ! mon Dieu ! qu'est-ce que c'est que ça ?

FINALE.

JOLICOURT *et* Mme JOLICOURT, *regardant au fond, à droite.*

A ces cris,
Je frémis !

On accourt, on s'amasse...
Un cheval emporté !...
Qui fuit épouvanté !
Au devant,
Un manant,
Plein de cœur et d'audace,
Tout à coup s'est jeté...
L'animal est dompté !...

CRIS, *au dehors.*

Bravo ! bravo ! (*Applaudissements. Ils regardent plus attentivement.*)

JOLICOURT.

Mais il me semble...

Mme JOLICOURT.

Mon Dieu, je tremble !

JOLICOURT.

Oui... n'est-ce pas ?

JOLICOURT *et* Mme JOLICOURT.

Notre cousine est dans ses bras !

Ils se précipitent vers la droite. Antoine entre, suivi de la foule, portant Mme de Bryane évanouie. On la dépose sur un banc à gauche.

SCÈNE XII.

LES MÊMES, ANTOINE, Mme DE BRYANE, FOULE DE GENS, *de toutes conditions.*)
(*Le morceau continue. Madame Jolicourt est auprès de sa cousine et lui donne des soins.*)

TOUS LES ASSISTANTS.

Accident déplorable !
Quel spectable effroyable !
Faut-il donc, ô douleur !
Redouter un malheur ?

ANTOINE, *à Mme Jolicourt.*

Ne craignez rien... point de blessure...

JOLICOURT *et* Mme JOLICOURT.

Serait-il vrai ?

ANTOINE.

Je vous l'assure...
L'émotion et la frayeur
Ont seulement glacé son cœur...

CAVATINE.

A Mme de Bryane.

Ah ! revenez à vous !

Ouvrez vos yeux si doux !
Calmez la peine extrême
De tout ce qui vous aime !
Ah ! revenez à vous !
Ouvrez vos yeux si doux !

TOUS.

Ah ! revenez à vous !
Ouvrez ces yeux si doux !

Mme de Bryane fait un mouvement.

ANTOINE.

Cette pâleur mortelle
S'efface, disparaît...
Et sur son front renaît
Le calme !
A part.
Qu'elle est belle !

Mme Bryane soupire.

Un soupir !...
A part.
Si c'était...

Mme DE BRYANE, *sans ouvrir les yeux.*

Je l'ai vu... c'est *lui* !...

JOLICOURT *et* Mme JOLICOURT.

Que dit-elle ?

ANTOINE.

Ah ! revenez à vous !
Ouvrez ces yeux si doux !
Calmez la peine extrême
De tout ce qui vous aime !...
Ah ! revenez à vous !
Ouvrez ces yeux si doux !...

TOUS.

Ah ! revenez à vous !
Ouvrez ces yeux si doux !

Mme DE BRYANE, *encore dans le délire.*

Il ne pouvait tromper mon espérance !
Oh ! oui, moi, je le savais bien...
Aussi, je ne redoutais rien...
Au moment du danger, j'attendais sa présence !

ANTOINE, *à Jolicourt.*

Vous voilà délivré
De toute crainte, adieu !

JOLICOURT, *mettant la main à la poche.*

Tiens donc, ta récompense...

Attends, mon cher...

ACTE I, SCENE XIV.

ANTOINE, *s'éloignant.*

Non, je vous en dispense...

JOLICOURT.

Comment !

ANTOINE.

Plus tard, plus tard, je la réclamerai !

Il sort rapidement.

SCENE XIII.

Mme DE BRYANNE, Mme JOLICOURT, JOLICOURT, LA FOULE.

SUITE DU FINALE.

Mme DE BRYANE, *revenant à elle.*

Hélas ! hélas ! je croyais sommeiller,
Lorsqu'une voix, que toujours je souhaite,
Vint doucement me réveiller...
Où donc est-il ?

JOLICOURT *et* Mme JOLICOURT.

Elle semble inquiète !

Mme DE BRYANE, *se levant.*

Ah ! loin de mon front, je le sens,
A fui ce pénible nuage,
Qui tenait engourdi mes sens ;
Enfin, j'en retrouve l'usage !

Regardant Jolicourt et Mme Jolicourt.

Je vous vois...

TOUS.

O bonheur !

Mme DE BRYANE.

Amis, je vous entends !

Cherchant autour d'elle.

Mais *lui*, *lui !* son absence et m'alarme et m'étonne ;
Car tout à l'heure il était là !...

SCENE XIV.

LES MÊMES DESBRUYÈRES, *entrand vivement, les habits en désordre.*

JOLICOURT, *voyant entrer Desbruyères.*

Ah ! monsieur...

DESBRUYÈRES, *très-ému, à Jolicourt.*

O fureur !

JOLICOURT.

Vous voilà !

DESBRUYÈRES.

Mon cheval,
Franchissant tout obstacle... événement fatal,

2

Quand je veillais sur sa personne,
M'emportait... m'empêchait de lui porter secours...
A Mme de Bryane.

Madame, auprès de vous j'accours...
Mme DE BRYANE, surprise.

Quoi, monsieur... quoi ! par vous, j'aurais été sauvée?...
DESBRUYÈRES, confus.

Un autre du danger, hélas !
Déjà vous avait préservée...
Mme DE BRYANE, à part, avec joie.

Un autre ! lui ! je ne me trompais pas...
Haut, à sa cousine.

Allons, retournons à la ville !
TOUS.

Le cœur plus tranquille,
Partons pour la ville !
Allons, partons !
Et, s'il se peut, oublions
Les craintes de la matinée,
Dans les plaisirs de la journée...
Allons, partons !
Tandis qu'on s'apprête au départ.
Mme DE BRYANE, à elle-même.

Toujours, près de moi, paraître,
Dès qu'il faut me secourir !
Puis, sans se faire connaître,
S'éloigner et me fuir !
Qui peut-il être ?
DESBRUYÈRES, à part, la regardant.

Je m'attache à ses pas !
Ma glorieuse gageure,
Je ne la perdrai pas !
Non, non, je le jure !
TOUS.

Le cœur plus tranquille,
Partons pour la ville !
Allons, partons !
Et, s'il se peut, oublions
Les craintes de la matinée,
Dans les plaisirs de la journée !
Allons ! partons !

Desbruyères se présente pour offrir la main à Mme de Bryane; mais Jolicourt, averti par sa femme, s'élance et entraîne sa cousine. Mme de Jolicourt s'empare du bras de Desbruyères. — Départ.

ACTE II.

Salon de toilette; de chaque côté : porte au premier plan, porte au deuxième; porte au fond, fenêtre à droite faisant face à la cheminée, causeuses, fauteuils; une petite table à tiroirs; un métier à tapisserie, une sonnette; à gauche, une toilette, un mannequin à paniers de femme.

SCÈNE I.

ANTOINE, FLORINE, *puis, successivement,* JOLICOURT, Mme JOLICOURT.

(*Antoine porte, sous le bras, ses outils enveloppés dans un tablier de toile verte. — Florine tient une robe qu'elle dépose sur le panier, à droite. — Tous deux entrent par le fond.*)

QUATUOR.

ANTOINE.

Mon enfant, je vous le répète,
Ici votre maître m'attend ;
Annoncez-moi, belle soubrette,
Il ne sera pas mécontent.

FLORINE.

Mon ami, je vous le répète,
Vous avez mal choisi l'instant ;
N'espérez pas qu'on vous admette,
Eloignez-vous, car on m'attend.

ANTOINE.

Je ne battrai pas en retraite !
Non ! non ! je m'installe céans.

FLORINE.

Tout le monde est à sa toilette.

ANTOINE.

Monsieur ? madame ?

FLORINE.

Oui.

ANTOINE.

Si j'attends
Qu'elle soit et faite et parfaite,
Qu'ils soient beaux... j'attendrai longtemps!

FLORINE.

Mon ami, je vous le répète,
Vous avez mal choisi l'instant ;
N'espérez pas qu'on vous admette,
Eloignez-vous, car on m'attend.

ANTOINE.

Mon enfant, je vous le répète,

Ici votre maître m'attend ;
Annoncez-moi, belle soubrette,
Il ne sera pas mécontent.
FLORINE.
Enfin, l'on ne reçoit personne.
ANTOINE.
Vous croyez ? eh bien, moi, j'ordonne
Qu'on me reçoive, et l'on me recevra !
FLORINE.
Je voudrais voir un peu cela !
ANTOINE, *prenant une sonnette sur une table.*
Tenez!...
FLORINE.
Que faites vous donc là ?
ANTOINE, *sonnant.*
Je sonne, sonne, sonne,
 Je carillonne,
 Et l'on viendra !
FLORINE.
Est-ce qu'on sonne, sonne, sonne,
 Et carillonne
 Comme cela ?
JOLICOURT, *paraissant, en robe de chambre, à la porte de gauche.*
Eh ! qui donc ainsi, sonne, sonne,
 Qui carillonne.
 Comme cela ?
Mme JOLICOURT, *paraissant, à la porte de droite, en peignoir.*
 Eh ! qui donc ainsi, sonne, sonne,
 Qui carillonne
 Comme cela ?
ANTOINE, *riant.*
Ah ! ah ! c'est moi, qui sonne, sonne,
J'en étais bien sûr, les voilà !
Il sonne si fort que le battant de la sonnette se détache.
JOLICOURT *et* Mme JOLICOURT.
Que nous veut donc ce drôle-là ?
ANTOINE.
C' que j' veux ?... vous l' savez bien, peut-être ;
Car vous devez me reconnaître...
JOLICOURT, *le regardant.*
Eh ! vraiment, oui !... c'est toi, je m'en souvien...
ANTOINE.
Vous êt's bien bon... j'ai sauvé vot' parente,
Qui se trouvait si mal... et que j' trouvais si bien !
On s'y connaît un peu, j' m'en vante !
JOLICOURT.
Ah ! le plaisant original !

ACTE II, SCENE I.

Mme JOLICOURT.
Mais ce garçon n'est pas trop mal !
FLORINE.
Il a le ton franc et loyal !
ANTOINE.
Vous le voyez, je suis jovial.
Mme JOLICOURT.
Tu viens chercher ta récompense ?
JOLICOURT, *lui donnant deux écus.*
C'est juste !... mon cher, la voici :
Va boire à ma santé...
ANTOINE.
Merci !
Vous risquez fort d' rester à l'ambulance !
Mme JOLICOURT.
Pourquoi donc refuser ainsi ?
ANTOINE, *fièrement.*
Il n' s'ra pas dit, dans l'ébénisterie,
Qu'Antoine aura jamais été payé
Pour rendr' service à la plus bell' moitié.
M., Mme JOLICOURT, FLORINE.
Voilà de la galanterie !
ANTOINE.
V'là comme on est dans l'ébénisterie !

AIR.

Si nous trouvons, parfois, dans notre course,
Vous, riche, un pauvr' souffrant, dans l'embarras ;
Moi, pauvre, un rich' qu'est dans un mauvais pas :
Chacun son d'voir ! aidez l'un de vot' bourse ;
A l'autre, j' dis : Frère, voilà mon bras !
On donn' c' qu'on a : vous de l'or ; moi, mon bras !

Faut s'entr'aider ! A c'te vieille coutume
Antoin' jamais ne voudra déroger :
Et v'là pourquoi, dans l' moment du danger,
J'emportais c'te dam'.... comme une plume...
C'est si léger une femm'...
Regardant Mme Jolicourt.
Quand c'est léger !...

Si nous trouvons, parfois, dans notre course,
Vous, riche, un pauvr' souffrant, dans l'embarras ;
Moi, pauvre, un rich' qu'est dans un mauvais pas :
Chacun son d'voir ! aidez l'un de vot' bourse,
A l'autre, j' dis : Frère, voilà mon bras !
On donn' c' qu'on a : vous, de l'or ; moi, mon bras !

LES PORCHERONS.

Mme JOLICOURT.
Pour récompenser ton courage,
Ne peut-on rien t'offrir ?
ANTOINE.
Si vraiment ! de l'ouvrage !

Donnez-moi votre pratique !
Foi d'ouvrier, j' travaille au mieux,
Dans le moderne et dans l'antique ;
Donnez-moi votr' pratique,
Je fais du neuf avec du vieux.
Pan ! pan ! pan ! je m'en pique,
Clou par ci, clou par là !
L'objet le plus gothique,
Bientôt rajeunira !

D' gagner mon pain, je suis pressé ;
Il doit y avoir, je le parie,
Chez Madame, quelque avarie,
Chez Monsieur, quelqu' chose de cassé...

Donnez-moi vot' pratique !
Foi d'ouvrier, je travaille au mieux,
Dans le moderne et dans l'antique ;
Donnez-moi vot' pratique,
Je fais du neuf avec du vieux.
Pan, pan, je m'en pique,
Clou par ci, clou par là ;
L'objet le plus gothique,
Par moi, rajeunira !

M^r, Mme JOLICOURT, FLORINE.
Nous t'accordons notre pratique.
Oui, pour nous, il travaillera !

JOLICOURT.
Eh bien, voyons, il faut le satisfaire...
Cherchez...
FLORINE.
Eh ! mais, ce *nécessaire*,
Que, ce matin, à son retour,
Ma maîtresse, dans sa colère,
A fracassé.
ANTOINE.
Bon !
Mme JOLICOURT.
A mon tour,
Je crois avoir quelque chose à refaire
A mon joli petit *Bonheur du jour*.

ANTOINE.

Oh! oh! v'là d' la besogn', j'espère!
Va pour le *nécessaire*
Et *le joli petit bonheur du jour!*...
Pan, pan, pan, je m'en pique,
Clou par ci, clou par là,
L'objet le plus gothique,
Par moi rajeunira!

M. et Mme JOLICOURT, FLORINE.

Nous t'accordons notre pratique,
Oui, chez nous, on t'occupera.

Mme Jolicourt rentre chez elle en lorgnant Antoine; Jolicourt rentre aussi chez lui.

SCÈNE II.

ANTOINE, FLORINE.

ANTOINE.

Merci, mamzelle, merci; c'est à vous que je dois d'avoir de la besogne... Et la maison doit être bonne, si les maîtres ne sont pas agréables.

FLORINE.

Oh! je ne suis attachée qu'au service de madame de Bryane...

ANTOINE.

De cette jolie petite dame que j'ai tenue là, dans le creux de ma main?... Si la cervelle ne pèse pas plus que le reste, ça ne doit pas être lourd... Il n'y a pas de mérite à la sauver... A la bonne heure l'autre... on y tâcherait tout de même... Ah! ça, la petite dame, comment va-t-elle?

FLORINE.

Très-bien... une émotion un peu vive, ça ne fait jamais de mal à une femme romanesque! Seulement, plus impatiente, plus capricieuse qu'à l'ordinaire, et elle l'est toujours beaucoup... elle rit, elle pleure, elle chante... Elle a fait défendre sa porte, et vingt fois, dans un quart d'heure, elle a demandé si personne ne s'était présenté.

ANTOINE.

Ah!... elle attend peut-être quelqu'un?

FLORINE.

Je ne sais... elle ne le sait pas non plus... Maintenant la consigne est levée.

ANTOINE.

Ah! ça, mais, dites donc, chez une maîtresse si éveillée... Dieux de dieux! quels yeux... longs de ça... et fendus en amande...

douce!... Doit-il y en avoir de ces amoureux, qui viennent traîner leurs bas de soie par ici!...

FLORINE.

Ah! il n'en manquerait pas... si l'on voulait les écouter... ou seulement les recevoir... mais porte close!

ANTOINE.

Ah!... alors, adieu les profits! car je vois ça, moi, dans les pièces de comédie... je vas quelquefois à la comédie... quand il vient des galants, les soubrettes... elles doivent être des millionnaires!... Les mains dans les poches... vous êtes dans la position... et le marquis ou le chevalier qui jette sa bourse... (*Florine tend la main.*) Je n'en ai pas... mais vous comprenez.

FLORINE.

Je comprends... à la comédie... mais ici, non... Florine est incorruptible.

ANTOINE.

Fille rare! laissez-moi vous contempler... Si jamais je veux me marier, je ne vous oublierai pas.

FLORINE, *le regardant.*

Tiens, mais... l'on pourrait voir, monsieur Antoine, et si...

ANTOINE, *changeant la conversation.*

Ah! ça, vous allez me dire, mamzelle, ce que j'aurai à faire?

FRORINE, *ouvrant une porte.*

C'est là, dans le petit salon de madame.

ANTOINE, *regardant.*

De votre madame?... Ce meuble entre les deux fenêtres?... Bon! (*Il va sortir; mais il s'arrête en voyant entrer Desbruyères.*)

SCÈNE III.

ANTOINE, FLORINE, DESBRUYÈRES.

DESBRUYÈRES, *suivi de deux domestiques portant des corbeilles.*

Bonjour, Florine!

FLORINE, *faisant la révérence.*

Monsieur!

DESBRUYÈRES.

Dis-moi, ces dames sont-elles chez elles?...

FLORINE.

Oui, monsieur.

DESBRUYÈRES.

Annonce-moi, ma chère... (*Florine va sortir.*) Ah! Florine, je voudrais faire déposer ces corbeilles chez ces dames; tu vas t'en charger.

ACTE II, SCENE III.

FLORINE.

M'en charger?... Je ne sais si je pourrai.

ANTOINE, *s'avançant vivement.*

Vous faut-il un coup de main, mademoiselle Florine?

FLORINE.

Ce n'est pas de refus, monsieur Antoine.

DESBRUYÈRES.

Quel est ce garçon?

FLORINE.

Un ouvrier ébéniste, qui travaille dans la maison.

DESBRUYÈRES.

Fort bien!

FLORINE, *remontant*

Ah! les belles fleurs!

DESBRUYÈRES.

Pas si belles que ta maîtresse, Florine. (*Tandis que Florine regarde les corbeilles et les met sur les bras d'Antoine.*) Le terme de ma gageure approche!... avant douze heures, il faut que je triomphe, ou je suis perdu de réputation. (*Il tire un billet de sa poche.*) Ce billet est décisif, je demande un rendez-vous... le silence annonce son consentement... alors...

ANTOINE, *qui s'est avancé*

Je suis là, Bourgeois... quand vous voudrez.

DESBRUYÈRES.

Vois-tu, mon garçon, ces corbeilles ont chacune leur destination... fais bien attention : ici, pavots, pivoines, soucis, jonquilles... madame Jolicourt.

ANTOINE.

Compris, Bourgeois.

DESBRUYÈRES.

Là, héliotropes, tubéreuses, jasmin, lys et roses. (*A part, glissant son billet.*) Et mon billet... (*Haut.*) Madame de Bryane.

ANTOINE.

Suffit! (*Il fait un pas.*)

DESBRUYÈRES, *le retenant.*

Ne va pas te tromper.

ANTOINE, *tenant les deux corbeilles.*

Ecoutez, Bourgeois, écoutez... j' vas vous répéter la leçon comme au magister ; les fleurs... que ça flaire... rien du tout...

DESBRUYÈRES.

Pour?...

ANTOINE.

J'y suis!... pour madame de Jolicourt... bras droit... les fleurs, que ça sent bon!... quel baume!... madame de Bryane... bras gauche... (*bas à Desbruyères*) côté du cœur! (*Haut.*) J'ai un nez d'épagneul.

DESBRUYÈRES.

Eh! eh! il est plaisant, ce drôle! (*Mettant la main à la poche.*) Tiens, mon garçon!

ANTOINE.

N'y a pas de presse, Bourgeois; nous nous retrouverons! je vous fais crédit! vous me payerez ça... avec aut' chose!...

FLORINE.

Je passe devant... par ici... les salons se suivent!...

ANTOINE.

Ouvrez les portes à monsieur l'ambassadeur! (*Il entre après Florine.*)

SCÈNE IV.

DESBRUYÈRES, seul.

RÉCITATIF.

Mon billet est lancé!... quelle crainte m'obsède!
Comment donc! je tremblerais, moi!...
Oui, tous ces biens que je possède,
A l'instant même, je les cède
Pour l'entendre me dire : Ami, je suis à toi !

AIR.

Ah! les perles d'Ormus, les rubis de Golconde,
Les trésors de l'Asie et l'or du nouveau monde
Ne valent pas, en vérité,
Un seul regard de la beauté!

Mais la beauté, qui doit me plaire,
Jusqu'ici j'avais parcouru
L'un et l'autre hémisphère
Sans la trouver, et cependant j'ai vu :

La séduisante Bayadère,
Au corps souple comme un palmier;
La jeune Almée, orgueil du Caire,
La Georgienne, au front altier...
La Chinoise, au pied provoquant;
La Créole, au minois piquant;
Et l'Africaine
Au teint d'ébène,
Au cœur ardent,
Comme son ciel brûlant.

La fière Italienne, et coquette et jalouse...
Et la blonde Écossaise, et la brune Andalouse...
Les filles de la Suisse, anges, dont les beaux yeux
Sont bleus comme ces lacs où se mirent les cieux !

Nulle encor n'avait su me plaire,
Ni fixer mon cœur incertain ;
Mais la femme que je préfère,
Voulez-vous la connaître enfin ?

C'est la Française,
Qui charme tous mes sens ravis,
Ne vous déplaise,
O beautés de tous les pays !
C'est la Française,
Qui seule séduit
Le cœur et l'esprit !

On entend parler et rire au dehors. La porte du fond s'ouvre, les Dames paraissent.

Voici madame de Bryane !... son premier mot va décider de mon bonheur !

SCÈNE V.

DESBRUYÈRES, Mme DE BRYANE, JOLICOURT, Mme JOLICOURT.

Mme DE BRYANE, *entrant, un papier à la main.*

Parfait ! délicieux !... Monsieur Desbruyères, vous êtes un homme adorable !

DESBRUYÈRES.

Ah ! madame ! puissiez-vous me le persuader ! (*A part.*) J'ai gagné.

Mme JOLICOURT.

Vos corbeilles sont ravissantes !

JOLICOURT, *à part.*

C'est avec ces fadaises qu'il les ensorcèle !

Mme DE BRYANE.

Les fleurs sont d'un goût, d'une rareté... mais ce n'est pas tout...

JOLICOURT *et* Mme JOLICOURT.

Comment ?

DESBRUYÈRES, *à part, avec inquiétude.*

Mon billet !

Mme DE BRYANE.

Monsieur Desbruyères écrit !

Mme JOLICOURT, *à part.*

Je le sais.

DESBRUYÈRES, à part.

Que va-t-elle dire?

Mme DE BRYANE.

Il est poëte, il est musicien!

JOLICOURT.

Bah!

Mme JOLICOURT.

Il a tout pour séduire!

JOLICOURT, à part.

Il m'agace les nerfs, ce Nabab!

Mme DE BRYANE, montrant le papier qu'elle tient à la main.

J'ai trouvé cette romance auprès de la corbeille.

DESBRUYÈRES, à part.

Auprès de la corbeille!

Mme JOLICOURT, à part.

A elle aussi, papillon!

DESBRUYÈRES, à part.

Aurais-je un rival?... (Haut.) Mais permettez!...

Mme JOLICOURT, vivement.

On s'est, peut-être, trompé d'adresse... il faudrait voir. Si vous nous faisiez entendre cette romance?

DESBRUYÈRES.

Je joins mes prières à celles de madame.

JOLICOURT, regardant Desbruyères.

Oui, oui, cousine, sachons quel est l'audacieux!

Mme DE BRYANE.

Vous le voulez tous?... écoutez!...

ROMANCE.

PREMIER COUPLET.

L'amant qui vous implore
Est, par vous, oublié;
Peut-il attendre encore
Un regard de pitié?
Si douce... et si cruelle
Comment vous désarmer
Hélas! soyez moins belle,
Ou bien sachez aimer!

L'amour est le bien suprême,
Aimez, aimez qui vous aime;
Qu'un regard de vos beaux yeux
A qui vous aime, ouvre les cieux!

Deuxième couplet.

Seule ainsi!... ma tendresse
Prévoit plus d'un danger:

ACTE II, SCÈNE V.

Le bonheur nous délaisse;
On peut vous outrager !...
Qui saura vous entendre
S'il vous faut réclamer
Un bras pour vous défendre,
Un cœur pour vous aimer ?

L'amour est le bien suprême !
Aimez, aimez qui vous aime ;
Qu'un regard de vos beaux yeux
A qui vous aime ouvre les cieux !

Après avoir chanté Mme *Bryane reste un moment rêveuse; les autres personnages font un mouvement vers elle; M*^{me} *de Bryane revient à elle et froisse avec humeur la romance.*

La chanson n'est pas de monsieur Desbruyères.

DESBRUYÈRES, *avec satisfaction.*

Ah!

Mme DE BRYANE, *allant s'asseoir près de la table.*

Je sais de qui maintenant... c'est du chevalier d'Ancenis... toujours ses avis qu'on ne demande pas !... que je ne suivrai pas !... (*A Jolicourt.*) Venir me parler mariage, quand je vous envoie à Versailles solliciter, pour lui, mon parent, le duc de Saint-Florentin.

JOLICOURT, *qui s'est assis près de la table et qui fait de la tapisserie.*

Il ne le mérite guère !... Vous dire de prendre un mari !... de quoi se mêle-t-il ?... joli conseil !...

DESBRUYÈRES, *appuyé sur le fauteuil de M*^{me} *de Bryane.*

Eh ! mais !

Mme DE BRYANE.

Oh ! soyez tranquille... je ne l'écouterai pas... il me fatigue avec sa prudence ! Les émotions, les aventures, les dangers !... c'est la vie... Monsieur Desbruyères, vous, l'homme de la mode, que pensez-vous des *Porcherons* ?

JOLICOURT.

Comment ! les *Porcherons* ?... la guinguette ?... à quel propos ?

Mme DE BRYANE.

Laissez parler monsieur Desbruyères.

DESBRUYÈRES.

Madame, votre célèbre poëte Vadé a dit :

Voir Paris, sans voir la Courtille
Où le peuple joyeux fourmille,
Sans visiter *les Porcherons*,
Le rendez-vous des bons lurons,
C'est voir Rome, sans voir le Pape !...(1)

Aussi les *Porcherons* sont-ils, aujourd'hui, le rendez-vous de ce

---

(1) *La Pipe cassée.* — Début du 2me chant.

qu'il y a de mieux à la ville et à la cour... à Paris et à Versailles... c'est la folie du jour !

Mme JOLICOURT, *devant la toilette, se mettant une mouche.*

C'est ce que nous avions entendu dire, n'est-ce pas, ma cousine?... (*Elle passe auprès de Mme de Bryane.*)

DESBRUYÈRES.

Et, dernièrement, dans un petit souper, madame Dubarry a tellement charmé Sa Majesté, en lui chantant la fameuse ronde des Porcherons...

Mme DE BRYANE, *se levant.*

Je la sais aussi ! (*Elle fredonne.*)

Venez aux Porcherons,
Gais tendrons...

DESBRUYÈRES.

Précisément!... que le Roi lui-même voulait connaître la bruyante guinguette !

JOLICOURT, *faisant toujours de la tapisserie.*

Eh ! Mesdames, ne voyez-vous pas que monsieur Desbruyères vous fait des contes?... Comment croyez-vous que des femmes de qualité, comme vous, puissent gaiement risquer d'être coudoyées... rudoyées... tutoyées... (*Il se lève avec humeur.*)

Mme JOLICOURT, *à Mme de Bryane.*

Délicieux !

JOLICOURT.

Froissées ! chiffonnées ! insultées !

Mme DE BRYANE, *vivement.*

Il se trouve toujours et partout quelque galant homme pour défendre une femme... Nous irons aux Porcherons. (*A part.*) Il y sera peut-être !

Mme JOLICOURT.

J'ai là, justement, de ravissants paniers de la bonne faiseuse.

Mme DE BRYANE.

Mais non, ma chère ; mais non! point de paniers !

Mme JOLICOURT.

Comment !

DESBRUYÈRES.

Sans doute !... on se travestit... les dames en servantes, en paysannes.

Mme JOLICOURT.

Comme ça doit rendre jolie !

DESBRUYÈRES.

Les hommes en soldats, en gens de livrée !

Mme DE BRYANE.

Vous seriez bien en coureur, mon cousin... avec vos jambes de cerf!

JOLICOURT, *à Desbruyères.*

Vous aviez bien besoin de leur monter la tête... (*Haut.*) Eh! bien, va donc pour les Porcherons... seulement, permettez... vous pensez bien que je ne vous laisserai pas aller seules à la guinguette... ainsi, adieu ma visite à Versailles.

Mme DE BRYANE.

Oh! non, mon cousin... Tenez, je me résigne : point de *Porcherons!* j'y renonce... je ne veux pas écouter les remontrances du chevalier... mais je ne peux pas le laisser embastiller !

JOLICOURT, *à part.*

Voilà comme on mène ces jeunes affolées. (*Haut.*) Je pars !

DESBRUYÈRES, *à part.*

On éloigne l'argus... comme c'est joué !

JOLICOURT, *allant prendre son chapeau, à part.*

Et je recommande l'Indien à mon Suisse. (*Il fait quelques pas.*)

DESBRUYÈRES, *à part.*

Elle n'a rien dit du message... le rendez-vous est accepté !

JOLICOURT, *revenant.*

Ah! ça, mais, j'oubliais... il faut que je vous présente votre héros du bois de Boulogne...

Mme DE BRYANE, *vivement.*

Il est ici ?

JOLICOURT.

Oui... j'ai voulu le récompenser !

Mme DE BRYANE, *avec orgueil.*

Et il a refusé ?

JOLICOURT.

De l'argent !

Mme JOLICOURT.

Mais il a demandé de l'ouvrage !

Mme DE BRYANE.

Comment ?

JOLICOURT, *riant.*

C'est un ébéniste... un ouvrier ébéniste !

Mme DE BRYANE.

Un ouvrier !...

SCÈNE VI.

Mme DE BRYANE, DESBRUYÈRES, JOLICOURT, Mme JOLICOURT, ANTOINE.

SEPTUOR.

JOLICOURT, *près de la porte.*

Antoine, avance, mon garçon !

Montre-nous un peu ton visage.
Mme DE BRYANE, *à part.*
Je vais le voir !. . pourrai-je donc,
A la fin percer ce nuage ?

Antoine arrive en veste, un tablier devant lui, tenant un petit nécessaire.
Mme JOLICOURT.
Vraiment, il est fort beau garçon,
Il a l'air doux, honnête et sage...
DESBRUYÈRES.
Oh ! j'ai déjà vu le luron,
C'est un amusant personnage.
JOLICOURT.
Avance donc, avance donc,
L'on voudrait voir de ton ouvrage...
ANTOINE, *saluant.*
Ah ! la bourgeoise d' la maison !
Mme DE BRYANE.
Monsieur, c'est à votre courage
Que je dois la vie...
ANTOINE.
                 Ah ! fi donc !
C'est d'mon côté qu'est l'avantage...
D'vous démentir, j'vous d'mand' pardon !
Mme DE BRYANE, *à part.*
C'est bien sa voix ; mais ce langage,
Mais ce costume, mais ce ton...
Ah ! c'est à perdre la raison !
ANTOINE.
Vous vouliez voir de mon ouvrage ?
Il n'est pas encore avancé...
Même il est à pein' commencé...
Dam ! voyez-vous, un rhabillage,
Ça n'se prend pas tout d'suite en main :
Ce qui nous coûte davantage,
Vous l'savez, c'est la mise en train !
Mme DE BRYANE, *à part.*
C'est bien sa voix !... mais ce langage,
Mais ce costume, mais ce ton...
Ah ! c'est à perdre la raison !
ANTOINE.
Mais un' fois que j' suis à l'ouvrage,
J' travaille et d' la bonne façon.

ACTE II, SCENE VI.

Mme JOLICOURT.

N'est-ce pas, il est beau garçon,
Il a l'air doux, honnête et sage?

DESBRUYÈRES, JOLICOURT.

Il est très-naïf, ce garçon.
C'est un amusant personnage.

Mme DE BRYANE, *à part.*

Ce maintien, ce ton, ce langage,
Oh! c'est à perdre la raison!

Mme JOLICOURT.

Cousine, dans ce nécessaire,
Je m'en souviens, vous avez mis
Des bagues, des objets de prix...

ANTOINE.

Diable! il faut tout d' suit' m'en défaire!
Ça peut s' perdre avec les débris,
Et tout mon avoir n' paîrait guère
De diamants et de rubis!

Mme DE BRYANE, *regardant, négligemment, dans le tiroir.*

C'est bien, c'est très-bien, tout s'y trouve...
Oui, tout... Ah! mon Dieu!...

TOUS.

Qu'est-ce donc?

Mme DE BRYANE.

Rien.

A part.

Quel trouble j'éprouve!

ANTOINE.

Manque-t-il quelque bijou?

Mme DE BRYANE, *vivement.*

Non!

DESBRUYÈRES.

Cependant vous tremblez, et votre émotion
Ferait penser...

Mme DE BRYANE.

Quelle chimère!
C'est ce bracelet... de ma mère,
Que d'abord je n'avais pas vu...
A part.
Ce nœud de cheveux... disparu!
Le joaillier n'est-il pas venu?
Je veux savoir...
A Jolicourt.
Votre voiture

Me conduira tout près d'ici...
Puis, je reviens...

JOLICOURT.

Quoi ! seule ainsi !

DESBRUYÈRES, *à part*.

Pour moi ! j'y serai, je le jure.

ENSEMBLE.

JOLICOURT, Mme JOLICOURT, DESBRUYÈRES, *à Antoine*.

Allons, courage,
A ton ouvrage
Et tu verras
Que tu n'as pas
Affaire à des ingrats.

ANTOINE.

Avec courage,
A son ouvrage
On se mettra,
Et puis viendra
Tout ce que l'on voudra.

Mme DE BRYANE, *à part, regardant Antoine*.

Ah ! ce langage
Me décourage,
Qui me dira
Si j'entends là
La voix qui me charma ?

Mme de Bryane va sortir avec Jolicourt et Desbruyères. On entend une grande rumeur au dehors; ils s'arrêtent.

TOUS.

Entendez-vous cette rumeur ?

ANTOINE, *regardant à une fenêtre*.

Autour de l'hôtel on se presse !

DESBRUYÈRES, *riant*.

Dans les environs, un voleur
Aura sans doute exercé son adresse.

SCÈNE VII.

Les Mêmes, FLORINE, *accourant effrayée*

SUITE DU MORCEAU.

FLORINE, *effrayée*.

Ah ! madame ! ah ! monsieur !

TOUS.

Parlez, parlez, calmez cette frayeur.

FLORINE.

De votre hôtel on demande l'entrée !

TOUS.

Qui?

FLORINE.

Des sergents?

Mme DE BRYANE.

Quoi? des sergents chez moi!

FLORINE.

Ils viennent au nom du Roi!

TOUS.

Au nom du Roi!

FLORINE.

Déjà votre porte est livrée...

TOUS.

Que veulent-ils?

FLORINE.

Un officier!

TOUS.

Un officier!

FLORINE.

Qu'on a vu se réfugier
Dans cet hôtel.

Mme DE BRYANE, *regardant Antoine; à part.*

C'est lui!... Me voilà rassurée...
Haut.
Je tremble.!... Excepté l'ouvrier,
Personne ici... d'ailleurs on peut le renvoyer...
Monsieur, prenez le petit escalier.

Antoine fait un mouvement. Florine le retient.

FLORINE.

Bon!... la maison est entourée!...
Il les retrouverait en bas.

TOUS.

Cela ne le regarde pas!

Mme DE BRYANE.

Je crains quelques fâcheux éclats.

SCENE VIII.

LES MÊMES, GIRAUMONT, DEUX EXEMPTS, DOMESTIQUES.
(*Le morceau continue.*)

LES DOMESTIQUES.

Allons, finissez, au plus vite,
Votre impertinente visite;
Dans l'hôtel, vous avez tout vu,
Tout inspecté, tout parcouru.

GIRAUMONT, *repoussant les Domestiques.*
Point de bruit! soldats d'antichambre!
Sinon, craignez qu'on n' vous démembre!
TOUS.
Que voulez-vous?
GIRAUMONT, *saluant.*
De tout mon cœur,
Je suis bien votre serviteur!...

Pour que plus vite ça finisse,
J' vas vous conter l' fait en deux mots :
Ces hommes-là sont d' la police,
J' vous en avertis, des suppôts ;
Quant à moi, c'est une autre affaire,
J' suis Giraumont, brav' militaire,
Aux gardes françaises, sergent...
Vous voyez mon galon d'argent...
Donc, j' buvais chez l' mélange en face,
Vu que je n'haïs pas le vin,
Lorsque, faisant laide grimace,
Ce monsieur dit à son voisin :
« Dans c't' hôtel, la chose est certaine,
Est l'officier que nous cherchons ;
Mais, par malheur pour notre aubaine,
Ni toi, ni moi, ne l' connaissons.
— Un officier? que j' dis; peut-être,
S'il s'agissait de boire un coup...
On pourrait vous le fair' connaître ;
De quel régiment? — De Poitou!
— Bravo!... j'en sors!... je sais l'histoire!
Avez-vous un ordre du Roi?
— Oui. — Très-bien ; vous pouvez m'en croire,
Nous le tenons ! en avant, suivez-moi ! »
Voilà !

Maintenant, je vous prie,
Très-honorable compagnie,
Permettez-moi, z'un seul instant,
D' dévisager chaque habitant.
TOUS.
Vraiment! c'est fort impertinent!
Allons, finissez promptement!
Florine vient à Giraumont, qui l'embrasse.
GIRAUMONT.
J'ai vérifié le signal'ment

ACTE II, SCENE VIII.

De mad'moiselle... en l'embrassant !
C' n'est pas notre homme !
Allant à Desbruyères.
A votre mine,
Tout de suite, ça se devine,
Vous n'êt's pas not' brav' !...
A Mme de Bryane.
Vous, non plus !
Quoiqu' plus d'un vous rendrait les armes !
A Mme de Jolicourt.
Pour vous, la tante, point d'alarmes !
Vous et lui n' s'rez pas confondus ;
Il a dix ans de moins... et peut-être bien trente,
Montrant Jolicourt.
De moins encor, que le p'tit, vieux là-bas !

TOUS.

Mais, cette revue insolente,
Ne s'achèvera-t-elle pas ?

Mme DE BRYANE.

Vous le voyez bien, la personne
Que vous cherchez n'est point ici.
Sortez, sortez, je vous l'ordonne !...
Giraumont se dispose à obéir ; un des Exempts lui montre Antoine qui se tient à l'écart.

GIRAUMONT, *indiquant Antoine.*

Un moment... celui-là, qui se détourne ainsi,
Quel est-il ? Eh ! mais, Dieu m' pardonne,
C'est lui ! je le connais !

TOUS.

Comment !

Mme DE BRYANE, *à part.*
Il est perdu !

GIRAUMONT.

A l' trouver là qui se s'rait attendu ?...
Messieurs, mesdames, je vous donne
Antoin' pour un fier ouvrier !

Mme DE BRYANE, *à part, douloureusement.*
Antoine ! ouvrier !

GIRAUMONT.

Oui... l' plus habil' du quartier !
Antoine et Giraumont se serrent la main.
A présent, ma tâche est finie...
Mes brav's mouchards, j'en suis fâché,
Vous avez perdu la partie,
Et le pigeon est déniché.

3.

####### TOUS.

Enfin votre tâche est finie !
Vraiment, je n'en suis pas fâché,
Votre homme, je le certifie,
Ici ne s'est jamais caché.

####### Mme DE BRYANE, *à part.*

Allons, c'était une folie,
Et ce rêve qui me charmait,
Il faut, hélas ! que je l'oublie...
Dans mon cœur, mourra mon secret !

####### ENSEMBLE,

####### JOLICOURT, Mme JOLICOURT, ANTOINE, DESBRUYÈRES *et* LE CHŒUR.

Ah ! quel scandale épouvantable !
Dans une maison respectable !
Allons, vite, il faut en finir,
Partez pour ne plus revenir.

####### GIRAUMONT *et les* SERGENTS.

C'est une maison respectable,
Demeurer serait condamnable ;
Ainsi donc, sans plus discourir,
De ces lieux il faut déguerpir.

Les Domestiques mettent dehors Giraumont et les agents. — Antoine, après avoir regardé Mme de Bryane, entre dans le boudoir ; la musique continue pendant ce mouvement ; Mme de Bryane sort avec Jolicourt et Desbruyères, Mme Jolicourt sort la dernière.

SCÈNE IX.

####### FLORINE, *seule.*

Quel événement, mon Dieu !... J'en suis encore tremblante... Tout le monde en perd la tête, jusqu'à madame Jolicourt, qui oublie d'essayer ces paniers. (*Revenant aux paniers, qu'elle arrange.*) C'est heureux, je n'avais pas fini d'arranger les fleurs... En ont-elles des inventions, ces belles dames !... Nous ne portons pas de cela, nous autres pauvres filles... Oh ! ma foi ! je ne le regrette pas !...

####### COUPLETS.

####### *Premier.*

Je hais le faux ! moi, franche et bonne fille,
Et ris des vœux de plus d'un matador,
Dont les présents, quoique bien fort ça brille,
Souvent, hélas ! ne sont que similor !
Tout cet éclat passera comme un songe,
Mais les regrets, c'est la réalité ;
Ça semblait beau, mais ce n'est que mensonge !...

Et franchement, rien n' vaut la vérité :
En fait d' bijoux, j'aime la vérité !

Deuxième.

Regardant les paniers:

Comme, à porter, ça doit être incommode !
Nous embellir, cela?... c'est une erreur !
Faut' d'embonpoint l'on a choisi cett' mode :
Fill' bien fait' ne veut rien d'imposteur.
Sans leur secours, notre taille s'allonge
Et montre mieux son élasticité...
Ça peut êtr' beau, mais ce n'est que mensonge !...
Et franchement, rien n' vaut la vérité :
En fait d' beauté, rien n' vaut la vérité !...

Desbruyères ouvre doucement la deuxième porte de gauche, et apercevant Florine il rentre vivement ; à cet instant, on sonne à droite.

Ah ! madame m'appelle !... J'y vais, madame, j'y vais... me voici... (*Elle entre à droite; la nuit est venue.*)

SCÈNE X.
DESBRUYÈRES, *seul.*

La voilà partie ! (*Il s'avance avec précaution.*) J'étais consigné par le Jolicourt... et quel cerbère que son Suisse !... Une fidélité de deux cents louis.. C'est la plus chère que j'aie rencontrée... sous une porte !... Enfin, m'y voici !... entré, par l'escalier de service de l'appartement du vicomte, personne ne me sait ici... le Jolicourt est à Versailles... Point de trouble, point de crainte... Elle est à moi, cette fière et dédaigneuse madame de Bryane !... Ah ! mes beaux seigneurs ! vous ne rirez pas demain, comme vous l'espériez, aux dépens de ma bourse et de ma réputation. (*On entend le bruit d'une voiture.*) Qu'est-ce que c'est que ça ? (*Allant regarder à la fenêtre.*) Une voiture !...

JOLICOURT, *en dehors.*

C'est bien ! c'est bien ! que la voiture m'attende.

DESBRUYÈRES.

Ah ! mon Dieu ! l'éternel Jolicourt !... Mais cet homme est donc venu au monde pour mon supplice !... Impossible de sortir... les valets dans l'antichambre, ici l'appartement de Jolicourt... Il peut y rentrer... Là, celui de sa femme... Oh ! non, ce serait me compromettre... Ah ! ce boudoir... (*Il va à la première porte à droite.*) Fermé !...

JOLICOURT, *en dehors.*

Saint-Jean, ma pelisse dans la voiture.

DESBUYÈRES.

On vient ! que faire ?... (*Il aperçoit les paniers.*) Ah ! ces paniers... Ce serait burlesque... mais l'amour embellit tout! (*Il se cache sous le panier.*)

SCENE XI.

Mme DE BRYANE, JOLICOURT, DESBRUYÈRES, *caché*. — *Un valet apporte des bougies allumées et sort.*

JOLICOURT, *entrant, à part.*

Je n'étais pas fâché de ramener moi-même notre jeune veuve.

Mme DE BRYANE.

Je suis vraiment touchée de votre complaisance, mon cousin; mais, vous paraissez préoccupé?

JOLICOURT.

Je ne vous cacherai pas que j'étais inquiet; je redoutais l'audace de cet homme de couleur... Pendant notre absence, il est venu.

Mme DE BRYANE, *avec indifférence.*

M. Desbruyères?... (*Elle va s'asseoir auprès de la table à gauche.*)

JOLICOURT.

Oui; il a voulu corrompre mon Suisse; mais l'honnête Helvétien n'a pas hésité. Je l'ai gratifié de trois livres... Il faut encourager la vertu. (*A part.*) Et, pourtant, je suis presque fâché qu'il n'ait pas laissé ce maudit Indien s'introduire. (*Desbruyères passe la tête hors du panier, pour écouter.*) J'aurais été enchanté de le surprendre caché... dans quelque coin, sous un meuble, et de le traiter comme il le mérite. (*Desbruyères se cache.*) Ce sera pour une autre fois... Me voilà tranquille, et, définitivement, je pars pour Versailles... Adieu, ma cousine. (*Il sort par le fond.*)

SCENE XII.

Mme DE BRYANE, DESBRUYÈRES.

Mme DE BRYANE, *toujours assise.*

Je ne puis revenir de mon étonnement: cette boucle de cheveux disparue de ce médaillon... Je cours chez mon bijoutier, où je croyais l'avoir oubliée... Il ne sait pas ce que je veux dire.

DESBRUYÈRES.

Elle est seule!...

DUO.

Mme DE BRYANE, *cherchant dans les tiroirs de la table.*

Non! ce n'était pas là-dedans!

DESBRUYÈRES, *essayant de se dégager des paniers.*

Mettons à profit les instants.

Au bruit qu'il fait, Mme de Bryane se retourne et l'aperçoit.

Mme DE BRYANE, *d'abord effrayée, pousse un cri; puis elle fait un pas, voit l'embarras de Desbruyères et éclate de rire.*

Ah! ah! la plaisante tournure!
Ah! ah! ah! ah! ah!
Rien n'est plus drôle, je l'assure,
Charmant habit que celui-là!
Ah! ah! ah! ah! ah!

DESBRUYÈRES.

Madame, je vous en conjure...
Si l'amour trop loin m'entraîna...

Mme DE BRYANE.

Ah! ah! mais pourquoi donc vous rencontré-je là,
Dans cette bizarre parure?
Ah! ah! ah! ah! ah! ah!

DESBRUYÈRES.

Ce rire devient une injure,
Et j'espère qu'il finira.

Mme DE BRYANE, *cherchant à reprendre son sérieux.*

Eh bien, monsieur, non... je ne puis le taire...
Votre conduite excite ma colère...
Je suis furieuse... Ah! ah! ah!
C'est que je vous vois toujours là
Dans cette grotesque posture.
Ah! ah! ah! ah! ah! ah!

DESBRUYÈRES.

Ce rire atroce est une injure,
Et j'espère qu'il finira.

Mme DE BRYANE, *riant toujours.*

Ah! ah! ah! ah! ah! ah!

DESBRUYÈRES, *suppliant.*

Ah! madame, cessez!
De grâce, finissez
Ce cruel persiflage!

Mme de Bryane rit.

DESBRUYÈRES, *tombant à genoux.*

L'esclave humilié
Comme vous sera sans pitié...

Mme de Bryane rit plus fort.

DESBRUYÈRES, *se levant avec fureur.*

Et d'un pareil outrage
Oh! je me vengerai!
Oui, oui, je vous perdrai!

Mme DE BRYANE.

Monsieur, vous m'effrayez.

Elle saisit la sonnette, l'agite; elle ne sonne pas. Effroi.

ANTOINE, *dans le boudoir.*

Pan! pan! pan! je m'en pique,
Clou par ci, clou par là!...

DESBRUYÈRES.

Que veut dire cela?

Mme DE BRYANE, *avec joie.*

C'est sa voix, il est là!
Ah! sa voix seule me rassure;
Je ne crains plus rien, il est là!

A Desbruyères.

Voyons, apaisez-vous! votre mésaventure,
Eh bien, monsieur, on la taira!

DESBRUYÈRES.

Se taire! est-ce que l'on pourra?

ENSEMBLE.

Mais, au jeu, je me pique;
Bientôt on le verra,
Quelque tour satanique
D'elle me vengera.

Mme DE BRYANE.

Grâce à la voix magique,
Qu'à propos j'entends là,
L'aventure tragique
Sans danger finira!

A la fin du morceau, Desbruyères salue Mme de Bryane; elle lui fait d'abord gravement la révérence, mais, en se relevant, elle part d'un immense éclat de rire et sort.

SCÈNE XIII.

DESBRUYÈRES, *puis* ANTOINE, *puis* FLORINE.

FINALE.

DESBRUYÈRES.

Encore, encore, encore!
Faudra-t-il l'entendre encore,
Ce rire affreux, qui, jadis, me charmait?...
Ce rire, qu'à présent j'abhorre,
Ce rire, qui me tuerait!
Ah! la rage me dévore!
Ma raison m'abandonnerait,
Si je devais l'entendre encore!

ANTOINE, *qui est sorti du boudoir, part d'un grand éclat de rire.*

Ah! ah! ah! la plaisante tournure

ACTE II, SCÈNE XIII.

Que vous aviez comme cela !
Pour un rendez-vous, je l'assure,
Charmant habit que celui-là !
Ah ! ah ! ah ! ah ! ah !

A ce moment, Florine, qui est entrée, et qui se trouve derrière Desbruyères, se met à rire.

FLORINE, *riant.*

Ah ! ah! la plaisante tournure
Que vous aviez comme cela !
Pour un rendez-vous, je l'assure,
Charmant habit que celui-là !
Ah ! ah! ah! ah! ah!

DESBRUYÈRES.

Comment ! comment ! que dis-tu là ?

FLORINE.

Je parle de votre aventure...

ANTOINE.

Je parle de votre aventure...

FLORINE.

Car Madame en fait la peinture...

ANTOINE.

Moi, par le trou de la serrure...
Ah! ah ! ah ! ah !

ENSEMBLE.

FLORINE.

Ah ! tout Paris en parlera !
Pendant trois mois on en rira !
Ah ! ah ! ah ! ah ! ah ! ah !

ANTOINE.

Oui, tout Paris en parlera !
Pendant trois mois on en rira !
Ah ! ah ! ah ! ah ! ah ! ah !

DESBRUYÈRES, *enrageant.*

Oh ! tout Paris en parlera !
Pendant trois mois on en rira !
Oui, si dévorant mon offense,
Par une adroite et perfide vengeance
Je ne mets pas, avec habileté,
Les rieurs de mon côté!
Avance ici, viens ça, Florine.

FLORINE, *hésitant.*

Monsieur...

DESBRUYÈRES.
Dis-moi ce que faisait
A l'instant, ma veuve divine?
FLORINE.
Avec madame sa cousine,
De vous, d'abord, elle riait !
ANTOINE.
Elle riait?
FLORINE.
Elle riait !
DESBRUYÈRES, *enrageant.*
Elle riait !
Puis, ensuite ?
FLORINE.
Elle s'occupait
D'un projet... mais c'est un secret...
Je la trahirais, j'imagine...
DESBRUYÈRES, *l'interrompant.*
Ne me dis plus rien... un projet !
Oh! quel rayon tout à coup m'illumine!
Ne me dis plus rien... je devine...
Ce projet, c'est d'aller ce soir aux *Porcherons.*
FLORINE, *stupéfaite.*
Il est sorcier!
DESBRUYÈRES, *réfléchissant.*
Aux *Porcherons?*
Ce soir nous y serons !
(A Antoine.)
Dans tout ce qu'ici je projette
Voudras-tu me servir ?
ANTOINE.
Dame ! si c'est honnête?...
DESBRUYÈRES.
Oui, je promets de l'épouser !
ANTOINE.
L'épouser ! on ne peut, alors, vous refuser !
DESBRUYÈRES.
Florine, et toi, me seras-tu rebelle,
Refuses-tu de me prouver ton zèle,
Si d'une dot je te fais don,
Avec un mari ?...
FLORINE.
C'est selon !
DESBRUYÈRES, *lui donnant une riche bague.*
Voici la dot... et voici le garçon !
(Il montre Antoine.)
FLORINE.
Comment ! c'est lui ?

ACTE II, SCENE XIII.

ANTOINE.
　　　　　Dites-vous : non ?
Examinez l'étoffe et la façon.
　　FLORINE.
Et, pour cela, que faut-il faire ?
　　　DESBRUYÈRES.
Seulement, jurer de te taire !
　　　FLORINE, *regardant Antoine.*
Je le promets !
　　　DESBRUYÈRES, *à Antoine.*
　　　　Tu me suivras ?
　　　ANTOINE.
Qui ? moi !... Je m'attache à vos pas !
On entend Mme de Bryane et Mme de Jolicourt rire aux éclats.
ANTOINE, FLORINE ET DESBRUYÈRES, *à demi-voix.*
Elles recommencent à rire,
Au seul souvenir du panier !
　　　DESBRUYÈRES.
J'approuve ce joyeux délire...
Riez... avec vous, je veux rire...
Mais rira bien qui rira le dernier !
A Antoine.
　　Toi, compte sur ma faveur;
　　Mais jure sur l'honneur
　　D'agir avec ardeur,
　　Sans crainte, sans frayeur,
　　Comme un garçon de cœur,
　　Un zélé serviteur.
　　　Pour mon bonheur!
　　　　ANTOINE.
　Je ne suis pas un trompeur,
　　Ici n'ayez pas peur,
　　Nous avons de l'honneur ;
　　Je vais, avec ardeur,
　　Travailler de tout cœur,
　　En zélé serviteur,
　　　A votr' bonheur!
　　　　FLORINE.
　Antoine n'est pas trompeur;
　　Allez, n'ayez pas peur,
　　C'est un garçon d'honneur,
　　Plein de zèle et d'ardeur,
　　Agissant de tout cœur,
　　En loyal serviteur,
　　　Pour votr' bonheur.
　　　　TOUS TROIS ENSEMBLE.
　　C'est convenu,

C'est entendu;
Aux Porcherons,
Ce soir tous les trois nous serons!

Vers la fin de l'ensemble, on entend de nouveau rire aux éclats dans la pièce voisine; puis un bruit de sonnette. Florine fait signe de faire silence et se dirige vers l'appartement de sa maîtresse. Antoine et Desbruyères vont sortir.

ACTE III.

Une salle coupée, au second plan, par des piliers; au delà des piliers, un orchestre, des lustres allumés; sur le devant, des tables.

SCÈNE I.

GRAND-PIERRE, RATAPIOL, GIRAUMONT, Ouvriers, Soldats, Gens de livrée, Paysans, Poissardes, etc. (*Au lever du rideau, tous attablés, ils boivent et mangent; des garçons font circuler le vin et les comestibles.*)

CHOEUR.

Allons,
Bons garçons,
Buvons,
Chantons,
Tous en cadence!
Et vive la danse,
Au bruit du verre et des chansons!

GIRAUMONT, *attablé au milieu.*
CHANSON.
PREMIER COUPLET.

Sans la beauté,
Sans la bouteille,
Point de gaîté...
Le cœur sommeille!
Mais leur aspect seul nous réveille...
Répétez donc, faites chorus:
Gloire à Vénus!
Gloire à Bacchus!

CHOEUR.

Il a raison, faisons chorus...
Gloire à Vénus!
Gloire à Bacchus!

GIRAUMONT, *se levant.*
DEUXIÈME COUPLET.

Mars, le patron
Des gens de guerre,
Quoique un luron,

Ne vaincrait guère,
Tendant son verre à une Poissarde,
Sans Vénus, qui remplit son verre...
Répétez donc, faites chorus :
Gloire à Vénus !
Gloire à Bacchus !

CHOEUR.

Il a raison, faisons chorus !
Gloire à Vénus !
Gloire à Bacchus !

SCÈNE II.

Les Mêmes, Mme DE BRIANE, Mme JOLICOURT, FLORINE.

Les trois femmes, habillées en petites bourgeoises, s'avancent timidement, entre les tables.

Mme DE BRYANE.

Enfin, nous y voilà !... Ce sera bien amusant...

Mme JOLICOURT.

Je me sens légère comme un oiseau ! J'ai des ailes !

Mme DE BRIANE.

Ces costumes nous permettent de nous mêler à tout ce monde, sans être suspectes.

FLORINE.

Oh ! dame, c'est du vrai : ce sont les habits de ma tante, la mercière, et de ses filles.

Mme DE BRYANE, *regardant autour d'elle.*

Quel mouvement ! quelle joie ! Pas la nôtre, qui toujours grimace ; mais de la gaieté bien franche, bien vraie... qui fait plaisir à voir... Regardez donc, ma chère, ces braves gens, comme ils mangent, comme ils boivent ! c'est à vous donner de l'appétit !

UN HOMME, *au fond.*

En place, pour la contredanse !

CRIS.

En place, pour la contredanse ! (*Tout le monde se lève et s'élance vers la salle du fond ; Ratapiol, Giraumont et Grand-Pierre achèvent leur bouteille en trinquant.*)

MORCEAU D'ENSEMBLE.

Mme DE BRYANE.

Mais voici la contredanse,
Qui commence...
Il faut, là-bas, nous asseoir,
Pour bien voir !

TOUTES TROIS.

Oui, voici la contredanse,
Qui commence ;

Il faut, là-bas, nous asseoir,
Pour bien voir.
Elles se dirigent vers la salle du fond.
Mme JOLICOURT, *apercevant Giraumont.*
Mon Dieu ! je croyais reconnaître...
Oui, vraiment... je l'ai déjà vu!
C'est le sergent, qui, tantôt, est venu...
Mme DE BRYANE.
C'est lui! ne faisons rien paraître...
RATAPIOL, GIRAUMONT, GRAND-PIERRE, *s'avançant et saluant.*
Mam'zell', nous fera-t-ell' l'honneur
D' danser avec vot' serviteur ?
Mme JOLICOURT, FLORINE, *à Mme de Bryane.*
Pour la contredanse, on m'invite...
Mme DE BRYANE.
Refusons, refusons bien vite!
Mme DE BRYANE, Mme JOLICOURT, FLORINE, *faisant la révérence.*
Ah ! ce serait de bien bon cœur ;
Mais je ne puis pas, par malheur !
GIRAUMONT.
Me prenez-vous pour une buse ?
Danser, est-c' que ça s' r'fuse ?
Allons, vite, il faut nous placer.
Les tirant.
Mme DE BRYANE, Mme JOLICOURT, FLORINE.
Mais nous ne savons pas danser...
RATAPIOT, GRAND-PIERRE, GIRAUMONT.
Bah ! ces p'tits petons-là, ça danse
Quasi tout seuls et de naissance...
Mme DE BRYANE, Mme JOLICOURT, FLORINE, *s'éloignant.*
Non, nous ne savons pas danser !
GIRAUMONT, RATAPIOL, GRAND-PIERRE, *plus impérativement.*
Allons, ne nous fait's pas attendre!
Mme DE BRYANE, Mme JOLICOURT, FLORINE, *effrayées, passant de l'autre côté.*
Personne, ici, pour nous défendre ?
Au bruit, les danseurs quittent peu à peu la salle du fond et viennent se mêler à la dispute.
GIRAUMONT, RATAPIOL, GRAND-PIERRE *et le* CHŒUR.
Allons, cessons,
Finissons
Ces façons !
Les francs lurons
Sont rois aux *Porcherons !*
Giraumont, Grand-Pierre et Ratapiol poursuivent les trois femmes, qui veulent fuir; on les retient, tout le monde les entoure.

ACTE III, SCENE III.

Mme DE BRYANE, Mme JOLICOURT, FLORINE.
Ah! messieurs, laissez-nous de grâce!

SCÈNE III.

Les Mêmes, ANTOINE.

ANTOINE, *écartant tout le monde et se plaçant au milieu.*
Eh ben! eh ben! qu'est-ce que j'entends,
Mes enfants?
TOUS, *s'éloignant.*
Antoine!...
Mme DE BRYANE, Mme JOLICOURT, FLORINE, *avec joie.*
Antoine!...
ANTOINE.
Eh! oui!... Faites-moi place,
Gar' là, que j' passe!...
Quoi! c'est du sesque qu'on tracasse!
Qu'on menace!
Dégageant les trois femmes.
A bas les mains,
Les voisins,
Ou ben, je casse!
Il se met en attitude.
Mais qu'allait-il donc se passer,
Et d'où provenaient ces querelles?
GRAND-PIERRE, GIRAUMONT, RATAPIOL.
Vois-tu, c'est que ces péronnelles...
ANTOINE.
Paix! parlons mieux d' ces demoiselles!
GRAND-PIERRE, GIRAMMONT, RATAPIOL.
Ell's nous refusaient pour danser.
ANTOINE.
Ell's m'attendaient pour commencer.
Mme DE BRYANE.
Oui, je vous attendais...
A part.
Toujours! là c'est étrange!
ANTOINE.
Eh bien, puisqu'au mieux tout s'arrange,
Sans plus d' façons, nous allons donc,
Comme on dit, pincer l' rigodon!
Mme JOLICOURT, *à Mme de Bryane.*
Danserons-nous?
Mlle DE BRYANE.
Il est honnête,
Il nous préserve du danger...
Craignons de le désobliger,

LES PORCHERONS.

TOUTES TROIS.

Craigons de le désobliger.

Mme DE BRYANE, à Antoine.

J'accepte.

FLORINE.

Je consens.

Mme JOLICOURT.

Je m'en fais une fête.

ANTOINE.

Alors, je vas vous partager ;
De son lot que chacun s' contente :
Giraumont, je t' donne la tante.

Mme JOLICOURT.

Comment ! la tante ?

GIRAUMONT.

A moi, la tante !

ANTOINE.

A Ratapiol, le porteur d'eau,
Mamzell' Florin'.

RATAPIOL.

Ch'est un cadeau !

ANTOINE.

Qu'intacte elle me soit remise !...
Songes-y bien, c'est ma promise !...

Mme DE BRYANE, fait un mouvement.

Florine, avez-vous entendu ?

FLORINE.

Oui, madame, tout est conv'nu !

Mme DE BRYANE.

Ah !

ANTOINE, à Mme de Bryane.

Quant à mam'zell'?...

Mme DE BRYANE, faisant une révérence.

Jeannette.

ANTOINE, avec une galanterie affectée.

Pour celui que j'aime le mieux,
Réservant le plus précieux...
Je la garde.

FLORINE, à M de Bryane.

Je vous le prête.

TOUS.

Bravo ! bravo ! tout est au mieux !

ANTOINE.

En place maintenant tout l' monde !

TOUS.

Pas d' contredans', chant' nous un' ronde,
Bien mieux nous nous amuserons.

ANTOINE.

Va pour un' ronde...
La rond' des *Porcherons*.

A Mme de Bryane.

Nous la connaissons?

Mme DE BRYANE, *à demi-voix.*

Nous la chanterons.

ANTOINE.

RONDE.

I.

Jérôme le passeux,
La perl' des bachoteux,
Abandonn' la rivière
Et devient langoureux.

Mme DE BRYANE.

Suzette Belle-Humeur,
De la halle la fleur,
Soudain fut pris', naguère,
D'un' grand' tristesse au cœur !

ANTOINE.

Jérôm', va donc au Grand-Salon
Porter ta *languissance*;
Pour mettre un cœur à la raison,
Rien de tel que la danse.

Mme DE BRYANE.

Va donc, Suzon, au Grand-Salon ;
Car, pour ta guérison,
Il n'est rien d' tel qu'un rigodon
Avec un beau garçon !

ENSEMBLE.

Venez aux Porcherons,
 Frais tendrons,
 Gais lurons!
L'Amour, l'Hymen s'y trouveront,
Pour danser, avec vous, en rond.

CHOEUR, *en dansant.*

Venez aux Porcherons, etc.

II.

ANTOINE.

Jérôme, en vrai faraud,
Mis sur l' grand numéro,
Près d' Suzon, qu'il regarde,
S'allum' comme un réchaud !

Mme DE BRYANE.

Suzon tourn' son jupon,
Mais l'voit d' son œil fripon,
Sans paraître y prendre garde...
Et son cœur lui répond !...

ANTOINE.

Mais v'là l'crin-crin, mais v'là l'violon...
Vl'à Jérôm' qui s'élance,
Il prend la main d' mamzell' Suzon,
Et l'on se met en danse...

Mme DE BRYANE.

Puis, l'bal fini, Jérôm', Suzon,
S' trouvant d' *l'inclinaison*,
Regagnent gaîment la maison...
A dimanch' *l'unisson !*

ENSEMBLE.

Venez aux Porcherons,
Frais tendrons,
Gais lurons ;
L'Amour, l'Hymen s'y trouveront,
Pour danser, avec vous, en rond !

CHOEUR, *en dansant.*

Venez aux Porcherons, etc.

A la fin de la ronde, on s'embrasse. Giraumont embrasse avec cérémonie Mme Jolicourt. Ratapiol donne un gros baiser à Florine. Antoine se penche vers Mme de Bryane, qui se retire un peu.

ANTOINE, *à demi-voix à Mme de Bryane.*

Prendre l'costume, c'est beaucoup ;
Mais c'n'est pas tout...
Faut s' conformer à l'usage ?

Mme DE BRYANE, *se décide gaiement.*

C'est juste...

Antoine l'embrasse. On entend se disputer au dehors.

TOUS, *regardant vers la droite.*

Ah ! bon Dieu ! quel tapage !
Qui vient donc nous troubler ainsi ?

Mme JOLICOURT, *qui a regardé.*

Que vois-je, hélas! c'est mon mari !

Elle tombe dans les bras de Giraumont.

GIRAUMONT, *la secouant.*

Un instant, pas de badinage !

Mme JOLICOURT.

Oh! Stanislas comme un tigre est jaloux !

ANTOINE.

Ne craignez rien.

Aux Hommes.

Vous, retenez-le tous.

RATAPIOL.

Sois tranquille, nous gagnerons notre argent!

Antoine donne le bras à Mme de Bryane. Giraumont, le suit, donnant le bras à Mme Jolicourt et à Florine. Une partie des gens présents les accompagnent. Ils sortent en répétant le chœur.

TOUS.

Allons, bons garçons,
Buvons,
Chantons
Tous en cadence,
Et vive la danse,
Au bruit du verre et des chansons.

SCENE IV.

JOLICOURT, RATAPIOL, GRAND-PIERRE, Gens du peuple.

JOLICOURT, *en costume de coureur déchiré, à la cantonade.*

Je vous dis qu'il me recevra bien, ce cher Desbruyères... il me connaît et sa petite maison aussi! J'y suis venu vingt fois en parties fines ! (*Saluant tout le monde.*) Messieurs, messieurs, j'arrive de Versailles, de la cour... j'ai vu le ministre... il m'a très-bien reçu. (*On rit.*) Ah! pas dans ce costume!... j'ai changé!... (*Se regardant.*) Je suis houspillé, je suis abîmé... n'est-ce pas?... Ah ! les gueux! je dois avoir quelque chose dans l'œil... (*Il a l'œil noir.*)

TOUS.

Ah! ah! ah!

JOLICOURT.

Il n'y a rien ? Alors, c'est à côté... (*Serrant les mains de Ratapiol et de Grand-Pierre, qui le regardent avec étonnement.*) Ah! enfin, je me trouve avec des gentilshommes, avec des gens de ma caste... Je viens du *Grand-Vainqueur*... la fameuse guinguette aux *Porcherons*... où je croyais rencontrer certaines dames, vu qu'elles avaient promis de ne pas y venir, et que ne les trouvant pas à l'hôtel... j'entrai donc au *Grand-Vainqueur*; figurez-vous que ces gens du peuple, cette canaille...

TOUS.

Oh! oh! dites donc, vous!

JOLICOURT.

Oh! charmant! vous les imitez à merveille, et je crois encore les entendre... Cette canaille, dis-je, se sera aperçue que moi, fine fleur, je n'étais pas de la même farine qu'elle... Je ne vois pas ce que j'ai, en moi, de si drôle, drôles! leur disais-je; mais bah! c'était comme si j'avais chanté : *Paisibles bois!* Enfin, Marquis... (*A Ratapiol.*)

RATAPIOL.

Qu'est-che qu'il veut dire avec chon Marquis?

JOLICOURT.

Bravo, Baron!... Enfin, mes chers, ces misérables, peut-être à cause de mon habit de *coureur*, s'imaginèrent de me faire faire la course du grand salon... Vous savez ce que c'est? j'en ai la rate ballonnée... j'ai cru que je resterais sur le carreau.

TOUS, *riant.*

Ah! ah! ah!

JOLICOURT.

Échappé, par un miracle, à ces enragés, en passant dans la rue de Clichy, devant la petite maison de Desbruyères, j'ai entendu des violons; j'ai vu la plus brillante illumination; j'ai pensé que je pourrais me présenter sans indiscrétion. Est-il par ici, notre ami Desbruyères?

RATAPIOL.

Eche que je connaichons voustre ami Desbruyères?

JOLICOURT, *le regardant.*

Parfait!

GRAND-PIERRE.

Est-ce un palefrenier ou un coureur, comme vous, votre ami Labruyère?

JOLICOURT.

De mieux en mieux!... Et savez-vous en l'honneur de qui cette fête?

GRAND-PIERRE.

Pour eune femme qu'un gros richard vouliont séduire, donc!

JOLICOURT.

Une femme mariée, peut-être?... Ah! je le reconnais bien là, le Lovelace de Chandernagore... Je voudrais bien savoir quelle est la femme... et surtout (*riant*) quel est le mari. (*Regardant Ratapiol.*) Si c'était celui-là? Il a une bonne tête... (*Il regarde vers le fond.*) Voyons donc, voyons donc, si je découvrirai... Tiens! qu'est-ce que j'aperçois là-bas? On dirait... mais, oui, c'est elle... mais, oui, c'est elle! madame de Jolicourt! ma femme ici... chez le Nabab!

ACTE III, SCENE V.

TOUS.

Le mari! le mari!... ah! ah!

JOLICOURT.

Eh bien! oui, messieurs; le mari, et qui ne souffrira pas... madame de Jolicourt ici!... Oh! nous allons voir! nous allons voir! courons sauver la Vicomtesse... et mon honneur... s'il en est temps encore. (*Il sort suivi des Gens du peuple, qui veulent en vain le retenir.*)

SCÈNE V.

DESBRUYÈRES. UN VALET.

DESBRUYÈRES, *entrant vivement, suivi de son valet.*

Dis à Antoine d'éloigner madame de Bryane de ses compagnes... et de retenir séparément Jolicourt et sa femme. (*Le valet sort.*) Imbéciles de valets! avoir laissé pénétrer ce Jolicourt... A son costume, ils l'auront pris pour un des malotrus de la société d'Antoine. Oh! je l'espère encore, tout pourra se réparer; il le faut!... j'ai promis à mes vauriens d'amis, qui sont là, qui attendent... de leur présenter, ce soir, ma femme!... ils la verront, morbleu!... Et vous, madame de Bryane, ma charmante ennemie, vous ne sortirez pas du piége que je vous ai tendu, sans y laisser votre nom... en échange du mien.

ROMANCE.

PREMIER COUPLET.

Malgré l'ardente flamme
Qui dévore mon âme,
Sur mon courroux
Rassurez-vous :
Je respecte et j'honore
La femme que j'adore ;
Je sais trop bien ce que de moi
Votre naissance réclame ;
Ici vous recevrez ma foi
Et vous serez ma femme !...
Vous avez cru m'humilier,
Mais c'est à vous de supplier...
Il faut céder! il faut plier !

DEUXIÈME COUPLET.

A mon amour sincère,
Au désir de vous plaire,
C'est un affront
Qui seul répond !...
Par un froid persiflage,
En riant on m'outrage !...
Mais, à présent, c'est à mon tour :
Vous êtes en ma puissance,

Et rien ne peut, en ce séjour,
Arrêter ma vengeance..
Vous avez cru m'humilier;
Mais c'est à vous de supplier !...
Il faut céder ! il faut plier !

SCÈNE VI.

DESBRUYÈRES, ANTOINE.

ANTOINE, *entrant gaiement.*

Mon maître, vos ordres sont exécutés; nous n'avons rien à craindre des Jolicourt : sous prétexte de réunir ces tendres époux, on les a conduits, séparément, dans deux chambres... où ils attendront votre bon plaisir, pour revoir la lumière.

DESBRUYÈRES.

Très-bien !... Ah ça, madame de Bryane, tu en es sûr, est bien dupe de notre ruse?

ANTOINE.

Comment s'en douterait-elle? pauvre petite femme, ça ne connaît rien de rien... on lui dit : c'est les *Porcherons*, elle se croit aux *Porcherons!*

DESBRUYÈRES.

N'y est-elle donc pas? puisque j'ai supprimé le mur qui séparait ma petite maison d'une guinguette voisine.

ANTOINE.

Avec ça que moi et Giraumont, le sergent aux gardes, mon frère de lait, nous avons arrangé le reste de main de maître... c'est pas du frelaté: du franc et vrai peuple... des amis, des camarades, des habitués de la chose, généralement choisis parmi la fleur des casseurs de cœurs et d'assiettes.

DESBRUYÈRES.

Je te rends justice, c'est parfait; et je crois que j'y aurais été pris moi-même. A présent, madame de Bryane est à moi.

ANTOINE.

Ah !... avec tout ce monde, qui va, qui vient?... l'endroit ne me paraît pas très-dangereux.

DESBRUYÈRES.

C'est que tu ne sais pas ce que c'est que ma petite maison...

ANTOINE.

Ah !... il y a donc des secrets ?...

DESBRUYÈRES.

Oui !... Toi, mon agent fidèle, tu dois être initié à tout, car j'ai encore besoin de tes services... mais rends-moi cette clef qui t'a ouvert toutes les portes, et...

ANTOINE, *hésitant.*

Ah! oui, cette clef... (*Il regarde au dehors.*) Ah! madame de Bryane !

DESBRUYÈRES.

Il ne faut pas qu'elle me voie encore... quelques ordres à donner... retiens-la ici !

ANTOINE, *serrant la clef.*

Ici !

DESBRUYÈRES.

Ici ! (*Il disparaît par une porte cachée dans le panneau latéral.*)

SCENE VII.

ANTOINE, Mme DE BRYANE.

Mme DE BRYANE.

Je ne puis retrouver madame de Jolicourt... et Florine, qui m'abandonne aussi !... je suis d'une inquiétude... Ah ! c'est vous, monsieur Antoine... vous savez, peut-être, ce que sont devenues mes compagnes ?

ANTOINE.

Non !

Mme DE BRYANE.

Elles ont disparu tout à coup...

ANTOINE.

Dame ! elles ont peut-être fait queuques conquêtes, avec qui qu'elles jabotent.

Mme DE BRYANE.

Il me semble, monsieur Antoine, que vous parlez bien gaiement d'une infidélité de votre fiancée.

ANTOINE.

Oh ! mamzelle Florine ?... c'est solide !

Mme DE BRYANE.

Eh bien, je ne suis pas aussi tranquille que vous.. moi, si joyeuse... en arrivant... moi, qui me promettais tant de plaisir... Tout à l'heure, en me voyant seule, au milieu de tous ces visages inconnus... je crois que j'ai eu peur !... mais, maintenant, je suis rassurée... vous êtes là.

ANTOINE.

J'y suis, c'est vrai ; mais je pouvais ne pas y être.

Mme DE BRYANE.

Oh ! impossible !

ANTOINE.

Pourquoi ?

Mme DE BRYANE.

Ne vous ai-je pas toujours trouvé près de moi... quand j'avais besoin de protection, de secours?

4.

ANTOINE, *ému.*

Oh ! l'hasard !

Mme DE BRYANE.

Allons, cessez une plaisanterie... dont j'ai eu trop à me louer pour que je puisse m'en fâcher... et apprenez-moi le nom de l'homme qui a risqué ses jours pour sauver les miens...

ANTOINE.

Vous le savez, madame... Antoine, l'ébéniste.

Mme DE BRYANE.

Encore !...

ANTOINE.

C'est pas ma faute, si j'en ai pas un plus ronflant à vous offrir.

Mme DE BRYANE.

Ainsi, c'était donc Antoine qui voyageait avec nous, sur la Loire ?

ANTOINE.

L'ouvrier fait son tour de France.

Mme DE BRYANE.

Mais, dans cette nuit fatale, ces soldats auxquels vous sembliez commander ?...

ANTOINE.

Des amis !... ouvriers et soldats sont du même bois : il n'y a que la façon qui diffère.

Mme DE BRYANE.

Les loisirs d'Antoine sont-ils donc tels, qu'il puisse les employer à se promener au bois de Boulogne ?

ANTOINE.

J'adore la promenade au grand air !

Mme DE BRYANE.

Vous ne me ferez jamais croire qu'Antoine l'ébéniste fréquente le bal de l'Opéra.

ANTOINE.

Madame de Bryane vient bien aux *Porcherons.*

Mme DE BRYANE.

Je n'insisterai pas, monsieur ; restez impénétrable, puisque vous avez la force de résister à mes prières... mais, au moins, acceptez tous mes remercîments, vous qui n'avez cessé de m'être secourable.

SCÈNE VIII.

Les Mêmes, DESBRUYÈRES.

Mme DE BRYANE, *avec effroi.*

Ah ! monsieur Desbruyères ! (*Desbruyères la salue.*) Monsieur Antoine... venez, venez rejoindre madame Jolicourt.

DESBRUYÈRES, *la retenant.*

Ah! pardon, belle dame, vous ne me quitterez pas ainsi.

Mme DE BRYANE, *avec mépris.*

Comment, monsieur, après ce qui s'est passé, osez-vous encore lever les yeux sur moi... m'adresser la parole!...

DESBRUYÈRES.

Eh! mais, il le faut bien... puisque, après ce qui s'est passé, madame la Marquise de Bryane me fait l'honneur de me rendre visite.

Mme DE BRYANE.

A vous, monsieur?... si j'avais pu croire vous rencontrer ici, je n'y serais pas venue, soyez-en certain... Venez, monsieur Antoine.

DESBRUYÈRES.

Antoine, sortez!

Mme DE BRYANE.

Il lui commande!

DESBRUYÈRES.

Sortez donc, Antoine, sortez!

Mme DE BRYANE, *à elle-même.*

Il ne sortira pas! (*Antoine s'incline et sort.*)

SCÈNE IX.

Mme DE BRYANE, DESBRUYERES.

Mme DE BRYANE.

Antoine!... Antoine!... Il s'en va... il me laisse seule... et seule avec cet homme!

DESBRUYÈRES.

Je vous témoignais, madame, toute ma reconnaissance de la visite que je recevais, chez moi.

Mme DE BRYANE.

Chez vous, monsieur, chez vous!... que voulez-vous dire?... cette guinguette...

DESBRUYÈRES.

Ah! fi donc!... la vertueuse madame de Bryane à la guinguette?... non, non, madame, vous n'y êtes pas!

Mme DE BRYANE.

Il se pourrait! mais où suis-je donc?

DESBRUYÈRES.

Je vous l'ai dit, madame, vous êtes chez moi, dans ma petite maison! (*Il touche le panneau, des portes ferment le salon à la hauteur des piliers. Une table sur laquelle se trouve les débris d'un souper sort du plancher; la guinguette a pris l'aspect d'un boudoir riche et élégant.*)

Mme DE BRYANE, *épouvantée.*

Ah !

DESBRUYÈRES.

N'ayez pas peur, madame... c'est de la magie couleur de rose!

Mme DE BRYANE, *éperdue.*

Au secours !... à moi, Antoine !

DESBRUYÈRES.

Personne ne peut vous entendre... Antoine est mon agent... il a dirigé votre voiture...

Mme DE BRYANE, *accablée.*

O mon Dieu !... Enfin, que voulez-vous, monsieur ?

DESBRUYÈRES.

Ce que je veux, madame?... rien que de convenable, pour une personne de votre rang, pour une personne que j'estime, que j'aime, et dont je veux faire ma femme !

Mme DE BRYANE.

Votre femme !... je suis curieuse de savoir comment vous m'a mèneriez à une pareille résolution.

DESBRUYÈRES.

Par la persuasion !

Mme DE BRYANE, *souriant avec mépris.*

Vous me rassurez !...

DESBRUYÈRES.

Vous êtes donc dans ma petite maison, bien connue de tout Paris, et vous y êtes venue volontairement, librement... déguisée!...

Mme DE BRYANE.

Mais, monsieur, je ne venais pas ici.

DESBRUYÈRES.

Je le sais bien ; mais les autres, les gens qui prennent d'autant plus de plaisir à déchirer une réputation, qu'elle est plus solide... ces gens-là ne le savent pas, ne vous croiront pas quand vous le direz... Bien plus, une fois arrivée ici, vous vous êtes séparée de vos compagnes... elles-mêmes l'affirmeront... pour vous renfermer, avec moi, dans ce boudoir... Remarquez bien que c'est un boudoir.

Mme DE BRYANE.

Mais j'ignorais...

DESBRUYÈRES.

D'accord!... mais qui le pensera?... (*Montrant la table.*) Vous avez soupé en tête à tête avec moi.

Mme DE BRYANE.

Oh !... vous pourriez proférer un pareil mensonge!...

ACTE III, SCENE X.

DESBRUYÈRES.

Pour vous obtenir, je puis tout.

Mme DE BRYANE.

Assez, assez, monsieur!... vous m'épouvantez! (*Elle se couvre la figure de ses deux mains.*)

DESBRUYÈRES.

Ah! vous comprenez maintenant... Je vais retrouver mes amis, et dans un instant je reviendrai pour leur présenter madame Desbruyères. A bientôt, madame, à bientôt! (*Il s'incline très-profondément et sort.*)

SCÈNE X.

Mme DE BRYANE, *revenant à elle.*

AIR.

Quoi! perdue!... à jamais perdue!...
Ou me livrer à ce lâche imposteur!
Oh! non! plutôt cent fois le déshonneur!
Eh bien, de ses amis j'affronterai la vue,
    Je sortirai, devant eux, sans terreur.
        Victime de la calomnie,
      Dans un cloître cachant ma vie,
J'irai mourir de honte et de douleur.
  (*Elle pleure.*)
      Que n'écoutais-je, hélas!
      L'ami de mon enfance!
      A ma folle imprudence,
      Sa tendre prévoyance
      Ne montrait-elle pas
      Le danger sous mes pas?
      Que n'écoutais-je, hélas!
      L'ami de mon enfance!
Mais, ailleurs, cherchant un appui,
  J'avais placé ma confiance
Dans je ne sais quelle espérance...
  Je croyais... je croyais en *lui!*
Lui!... qui m'abandonne aujourd'hui!
Qui me trahit!... oh! tant mieux! oui.

(*Avec honte et baissant les yeux.*)
De mon rang et de ma naissance
  Oubliant déjà la splendeur,
  Malgré toute la distance
Qui nous sépare... avec rigueur!
  Sans cesse, au fond de ma pensée,
  Je retrouvais son image tracée...

Et je craignais d'interroger mon cœur !
(*Avec désespoir.*)
Ah ! j'étais insensée !
(*Avec force.*)
A cet homme désormais
Non, non, je ne veux plus croire,
De mon cœur, de ma mémoire
Je le bannis pour jamais !
Il faut bien que je l'oublie...
Car cet homme, que tout bas
Je bénissais... je dois...

SCENE XI.

ANTOINE, Mme DE BRYANE.

(*Antoine paraît à la petite porte par laquelle est sorti Desbruyères.*)

ANTOINE, *les mains jointes.*
Ah ! je vous en supplie,
Ne me maudissez pas !
Mme DE BRYANE.
Antoine ici ! ciel, je te remercie !

ENSEMBLE.

A sa vue est bannie
La frayeur !
Oui, sa présence amie
Me rend la vie
Et l'honneur !
Quand ma voix l'accusait,
Sur mes jours il veillait !...
Oh ! mon cœur désormais
Ne doutera jamais !
Jamais ! jamais !
De lui douter... oh ! non, jamais !

ANTOINE.
Qu'à ma vue soit bannie
La frayeur !
Antoine les défie !
A vous sa vie,
Son honneur !
Votre voix l'accusait,
Près de vous il veillait.
Je vous délaisserais ?...
Ne le croyez jamais !
Jamais ! jamais !
Vous oublier !... oh ! non, jamais !

Mme DE BRYANE.
Vous étiez là ?
ANTOINE.
Oui, toujours !

Mme DE BRYANE.

Monsieur, un grand danger me menace... Il y va de mon honneur, du repos de toute ma vie... J'ai besoin de votre secours : je ne puis, je ne dois l'accepter que si vous me dites qui vous êtes... Maintenant, j'en suis sûre, vous parlerez.

ANTOINE.

Eh bien, oui, madame, puisque vous l'exigez, il faut bien que je l'avoue, je ne suis pas... ce que vous croyez que je suis...

Mme DE BRYANE, *à part, avec joie.*

J'en étais sûre !

ANTOINE.

Ce que j'ai fait, ce dévouement, dont vous parliez à l'instant, tout ça... n'était pas pour mon compte.

Mme DE BRYANE.

Que dites-vous ?

ANTOINE.

La vérité !... J'ai un frère de lait, qui vous aime, madame, oh! ça, solidement !... « Vois-tu, Antoine, qu'y m'a dit là-bas, dans not' pays, vois-tu cette jeune femme ?... Regarde-la bien... elle est aussi étourdie qu'elle est belle. » Pardon, madame; c'est le chevalier d'Ancenis qui parle.

Mme DE BRYANE.

Le chevalier ?

ANTOINE.

Oui, madame, et il continua : « Poursuivi, forcé de me cacher, je ne puis être assez heureux pour veiller sur elle... Antoine, tu es un autre moi-même, tu me remplaceras partout, tu la suivras partout... Tu la défendras, même au prix de ton sang, même au prix de ta vie. » Je suis parti, et je ne crois pas avoir manqué à la consigne.

Mme DE BRYANE.

Oh! non! et ma reconnaissance...

ANTOINE.

Ne me remerciez pas, madame; d'abord c'était par obéissance, par devoir... Ensuite, c'était autre chose... c'était un plaisir, un bonheur. Si bien... que cette boucle de cheveux... prise d'abord pour lui...

Mme DE BRYANE, *l'interrompant doucement.*

C'est bien! mon ami, c'est bien !

ANTOINE.

Vous avez été bien imprudente, c'est vrai; mais aussi vous avez eu fièrement peur... Tout ce que j'ai vu, tout ce que j'ai entendu, monsieur d'Ancenis le sait ou le saura, et, j'en suis sûr, il vous aimera, il vous estimera encore davantage... et, si vous vouliez y consentir, le chevalier n'est pas bien loin d'ici...

Mme DE BRYANE.

Il n'est pas à la Bastille?

ANTOINE.

Non!... Un mot, un seul mot, et bientôt, à genoux, il vous dira ce qu'il vous a tant de fois écrit : Soyez ma femme. (*Il fait un mouvement pour s'éloigner.*)

Mme DE BRYANE, *le retenant d'un geste.*

Non, Antoine; moins que jamais à présent... je veux le voir... Après tout ce qui s'est passé, lorsque j'éprouve au fond du cœur... Non, il ne m'est plus permis de l'épouser, il ne m'est plus permis de me marier.

ANTOINE.

Madame!...

Mme DE BRYANE.

Dites bien au chevalier d'Ancenis que je lui serai éternellement reconnaissante de vous avoir placé près de moi... Mais, s'il avait eu tout l'amour que vous lui supposez, il ne vous aurait pas envoyé, il serait venu lui-même; il eût bravé la Bastille, il eût exposé ses jours pour sauver les miens; alors... oui, sans doute, Antoine... si M. d'Ancenis eût fait ce que vous avez fait pour moi, alors je l'aurais aimé de toutes les forces de mon âme!

ANTOINE, *tombant à genoux.*

Louise! chère Louise!... mes soins, mon amour ont enfin obtenu cet aveu que j'attendais depuis si longtemps.

Mme DE BRYANE.

Antoine!... le Chevalier!... j'aurais dû le deviner. (*Musique.*)

LE CHEVALIER.

On vient... C'est Desbruyères avec ses amis.

Mme DE BRYANE.

Ah! qu'ils viennent maintenant... je ne les crains plus... Mettez-vous là, Chevalier... M. Desbruyères a raison, j'ai soupé avec mon mari.

SCÈNE XII.

LE CHEVALIER, Mme DEBRYANE, *à table*, DESBRUYÈRES, Gentilshommes.

FINALE.

DESBRUYÈRES.

Sur ma noble et charmante conquête,
Chers amis, oui, félicitez-moi;
Qu'à la célébrer chacun s'apprête...

ACTE III, SCÈNE XII.

Ah! mon Dieu! qu'est-ce que j'aperçoi?
Antoine!

LE CHOEUR.

Antoine!

Mme DE BRYANE, *debout, à tous les amis de Desbruyères.*

Un tel spectacle vous étonne!

DESBRUYÈRES.

Un ouvrier! et vous!... si près de lui!

Mme DE BRYANE.

Lorsque tout m'abandonne,
Ne fut-il pas mon seul appui!

LE CHEVALIER, *s'avançant..*

Pour adoucir votre blessure,
Apprenez que votre rival
Peut se prétendre votre égal.

DESBRUYÈRES.

Vraiment?

LE CHEVALIER.

Je vous l'assure.

DESBRUYÈRES

Vous êtes donc?...

Mme DE BRYANE.

Le Chevalier d'Ancenis!

DESBRUYÈRES.

Vous!

LE CHEVALIER, *lui montrant sa blessure.*

Ce matin votre adversaire,

Lui remettant la clef.

Ce soir, ici, votre allié.

DESBRUYÈRES.

Ah! je m'étais bien confié!
Mais, permettez, cette fâcheuse affaire
Pour laquelle on vous poursuivait?

LE CHEVALIER.

Je suis heureux! je brave tout!

DESBRUYÈRES.

J'espère
A tout péril, dans ces lieux, vous soustraire.
Chacun de nous est discret.

TOUS.

Comptez sur notre silence,
Nous garderons le secret.

Mme DE BRYANE.

C'est une noble et loyale vengeance!

Lui tendant la main.

A ce prix-là, qui ne pardonnerait!

On entend frapper fortement.

TOUS.

Quel est ce bruit?..

5

DESBRUYÈRES.
Oh ! je sais ce que c'est.
Il va tirer un cordon.

SCENE XIII.

LES MÊMES, JOLICOURT, Mme JOLICOURT.
(Ils entrent chacun par une porte latérale et se précipitent dans les bras l'un de l'autre.)

Mme JOLICOURT.
Stanislas !
JOLICOURT.
Ernestine !
TOUS.
Dignes époux !
JOLICOURT, Mme JOLICOURT.
Que ce moment est doux !
JOLICOURT, *à Desbruyères.*
Monsieur, à présent, je réclame
Réparation, devant tous,
De l'insulte faite à ma femme,
A madame !
Mme DE BRYANE.
Mon cher cousin, apaisez-vous ;
J'ai maintenant pour me défendre
Mon mari, monsieur d'Ancenis.
JOLICOURT, Mme JOLICOURT.
Quoi ! le chevalier d'Ancenis !
TOUS.
Silence ! modérons ces cris !
JOLICOURT.
Que craignez-vous ? Il a sa grâce !
Je l'apportais,
Je vous cherchais.
Mme DE BRYANE.
Cher cousin, que je vous embrasse !
JOLICOURT.
Voilà comment nous nous trouvons...
DESBRUYÈRES.
Tous réunis aux *Porcherons.*
(Il donne un signal ; la scène reprend l'aspect qu'elle avait au lever du rideau.)

SCENE XIV.

LES MÊMES, FLORINE, GIRAUMONT, GRAND-PIERRE, RATAPIOL, GENS DU PEUPLE.

CHŒUR.
Allons,
Bons garçons,

ACTE III, SCENE XIV.

Buvons,
Chantons
Tous en cadence,
Et vive la danse
Au bruit du verre et des chansons.

ANTOINE *et* Mme DE BRYANE, *au public.*

Pour voir Jérôm', Suzon,
Danser un rigodon,
Chaque soir, nous vous en prions,
En bons garçons
Et sans façons,
Venez aux Porcherons !

TOUS.

Venez aux Porcherons,
Frais tendrons, gais lurons,
L'Amour, l'Hymen s'y trouveront
Pour danser avec vous en rond.
Aux Porcherons,
Venez, fillettes et garçons !

FIN.

Imp. Dondey-Dupré, r. St-Louis, 46.

www.ingramcontent.com/pod-product-compliance
Lightning Source LLC
LaVergne TN
LVHW021006090426
835512LV00009B/2108